滨州学院学术著作出版基金资助

滨州学院学术著作出版基金、山东省高校人文社会科学研究计划项目（J16WC37）资助成果

典籍英译与传播

以《孙子兵法》为例

魏倩倩 著

人民出版社

责任编辑:李椒元
装帧设计:中联学林
责任校对:张明明

图书在版编目(CIP)数据

典籍英译与传播:以《孙子兵法》为例 / 魏倩倩著.
—北京:人民出版社,2018.9
ISBN 978-7-01-019433-2
Ⅰ.①典… Ⅱ.①魏… Ⅲ.①《孙子兵法》—英语—翻译—文化研究
Ⅳ.①E892.25②H315.9
中国版本图书馆 CIP 数据核字(2018)第 124311 号

典籍英译与传播
DIANJI YINGYI YU CHUANBO
——以《孙子兵法》为例
魏倩倩 著

人民出版社 出版发行
(100706 北京市东城区隆福寺街 99 号)

三河市华东印刷有限公司印刷 新华书店经销
2018 年 9 月第 1 版 2018 年 9 月北京第 1 次印刷
开本:710 毫米×1000 毫米 1/16 印张:13.5
字数:200 千字 印数:0,001-3,000 册

ISBN 978-7-01-019433-2 定价:32.00 元

邮购地址:100706 北京市东城区隆福寺街 99 号
人民东方图书销售中心 电话:(010)65250042 65289539

前 言

数千年来,中华民族创造了光辉灿烂、博大精深的中国文化。翻译是中国文化“走出去”面临的重要问题之一。作为中国文化浓缩精华的典籍,其翻译在中国文化“走出去”的过程中承担了重要的角色,是让更多外国人了解中国的历史与未来的重要途径。典籍是历代各领域的权威性著作,是中国历史的见证和中华文化的重要载体。兵学典籍《孙子兵法》作为中国典籍的重要组成部分,不仅体现了古代军事思想的精华,也蕴含着博大精深的中国文化。但中西文化间的差异给翻译造成了巨大的困难,如何处理这些文化差异是译者必须面对的难题。另一方面,《孙子兵法》千余年的对外传播,成绩斐然。它被翻译成四十余种语言,英译有逾百年历史,国内外已出版英译专著二百余种(部),其影响所及遍布世界。国内外对《孙子兵法》给予了很高的评价。东汉末年的政治家、军事家曹操说:“吾观兵书战策多矣,孙武所著深矣!”唐太宗李世民说:“观诸兵书,无出孙武。”北宋大文豪苏轼说:“古之言兵者,无出于孙子矣。”现代西方杰出的军事思想家利德尔·哈特认为《孙子兵法》“内容之博大,论述之精深,后世无出其右者。”《孙子兵法》已成为“中学西传”的优秀代表,对于典籍英译与传播具有极强的借鉴意义。鉴于此,本书以《孙子兵法》为例探讨典籍的英译与传播，就《孙子兵法》中的文化翻译问题、译介与传播问题进行了研究，以期能更好地向世界介绍中国文化，传播中国好声音，让中国文化“走出去”之路走得更稳更好。

本书在第一章和第二章分别梳理了中国典籍英译与传播以及《孙子兵法》英译研究现状。

第三章讲述了孙武的生平及其军事、哲学思想，简单介绍了《孙子兵法》，并对其在国内外的传播进行了历时性的描述。

第四章探讨了《孙子兵法》中的文化翻译。笔者将中国文化分为生态文化、物质文化、社会文化、宗教文化和语言文化，并结合《孙子兵法》五个英译本的翻译实例探讨其翻译策略：异化、归化、音译、文外作注、文内明示、删除。最后指出在翻译文化文本，尤其是具有鲜明文化代表性的文本时，应在不影响译本质量的前提下，尽量地保存其文化特色，坚守文化的多样性和差异性，从而传递中国文化，提升中国文化软实力，增强中国文化竞争力，在国际舞台上更多地彰显中国文化魅力。

第五章梳理了《孙子兵法》英译史，进而调查了不同英译本在英语世界的接受现状。总结《孙子兵法》译介的经验和教训，就译介主体、译介内容、译介途径、译介受众和译介效果五个方面提出了“中学西传”译介模式。

目 录

Contents

第一章　典籍英译与传播概述

典籍是历代各领域的权威性著作,是中国历史的见证和中华文化的重要载体。作为中国文化浓缩精华的典籍,其翻译在中国文化“走出去”的过程中承担了重要的角色,是让更多外国人了解中国的历史与未来的重要途径。

中国典籍翻译有着悠久的历史。西方各国对中国典籍的翻译始于明末清初的传教士。意大利传教士罗明坚(Michele Ruggieri)翻译了《大学》,他本人也成为西方汉学的奠基人,与利玛窦(Matteo Ricci)并称为西方汉学之父;同为意大利传教士的利玛窦翻译了“四书”(《大学》、《中庸》、《论语》、《孟子》);法国传教士金尼阁(Nicolas Trigault)翻译了“五经”(《诗》、《书》、《礼》、《易》、《春秋》);意大利传教士卫匡国(Martino Martini)翻译了《中国上古史》,首次向西方介绍了《易经》及其八卦图;比利时传教士柏应理(Philippe Couplet)翻译了《大学》、《中庸》、《论语》、《中国贤哲孔子》;法国传教士马若瑟(Joseph de Prémare)翻译了元剧《赵氏孤儿》,成为首位将中国戏剧译介到西方的欧洲人;同是法国传教士的傅圣泽(Jean Francoise Foucquet)回国时带去中国典籍3980种,为法国乃至欧洲各国学者翻译中国典籍提供了极大方便。1761年英国主教,同时也是汉学家的托马斯·帕西(Thomas Percy)整理出版了《好逑传》英译本,这标志着中国典籍英译的开始。

从18世纪到19世纪,法国成为欧美汉学研究的中心。法国的汉学家宋君荣(Antoine Gaubil)、雷慕沙(Jean Pierre Abel Rémusat)、儒莲(Stanislas Julien)都翻译了很多中国典籍。19 世纪随着在华外国侨民数量增多,中国典籍也越来越多地被译为西方语言,此时期的典籍翻译也更为系统化和专业化。理雅各(James Legge)在 1861 年到 1886 年的 25 年间陆续出版了“四书”、“五经”的系列翻译图书,即多卷本《中国经典》。汉学家德庇时(John Francis Davis)翻译了《汉文诗解》、《好逑传》、《三国演义》等;美国汉学家卫三畏 1848 年出版《中国总论》,是美国最早的汉学研究著作;罗伯聃(Robert Thom)首次译出《红楼梦》第六十八回的部分内容;传教士郭实腊(Karl Friedlich Gutzlaff)首次对《红楼梦》进行英文概述。

20 世纪上半叶,英国汉学家翟理思(Herbert Allen Giles)翻译了《聊斋志异》,这是至今最全的一个英译本。他编译的《古文珍选》第一次向西方读者展示了中国古诗词和散文,他还用英文编著世界上第一部中国文学史。亚瑟·韦利(Arthur Walley)译有《诗经》、《西游记》、《论语》、《道德经》、《一百七十首中国诗》,被称为 20 世纪上半叶最杰出的东方学家和将东方文学译为英文的最杰出的翻译家。1929 年王良志、王际真各自于美国纽约出版《红楼梦》译本。1933 年赛珍珠(Pearl S. Buck)的《水浒》节译本、1939 年伯纳德·米奥尔(Bernard Mioll)的《金瓶梅》节译本和 1942 年韦利的《西游记》节译本等都是在英美两地同时出版。

20 世纪下半叶,白之(Cyrill Birth)翻译了《牡丹亭》。英国汉学家大卫·霍克斯(David Hawkes)翻译出版了《红楼梦》英译本,其中后四十回由其女婿,同为汉学家的约翰·闵福德(John Minford)完成,由此完成了西方世界第一部《红楼梦》全译本。另外,闵福德还译有《孙子兵法》、《鹿鼎记》、《易经》、《聊斋志异》等。

国内的中国典籍英译始于晚清民初时期的辜鸿铭和苏曼殊等。辜鸿铭译有《论语》、《中庸》等,苏曼殊则英译了古诗 110 首。20 世纪 20 至 40 年代林语堂、贺敬瞻、林文庆、刘师舜、朱湘等都有英译作品出版。

新中国成立后,杨宪益、戴乃迭夫妇英译了上千万字的作品,包括《红楼梦》、《楚辞》、《魏晋南北朝小说选》、《史记选》、《唐代传奇选》、《宋明平话选》、

《儒林外史》、《关汉卿杂剧》、《长生殿》、《聊斋选》、《老残游记》、《古代寓言选》等。许渊冲则翻译了大量的中国诗词。外文出版社和新世界出版社还出版了多种古典文学作品。

改革开放后，中国典籍英译蓬勃发展。国家重大出版工程《大中华文库》由中国出版集团公司组织出版，这是我国历史上第一次系统地全面地向世界推出外文版中国文化典籍。另外，还有湖南人民出版社出版的《汉英对照中国古典名著丛书》等。同时，典籍研究机构相继成立。由英汉语比较研究会典籍英译专业委员会主办的全国典籍翻译学术研讨会迄今已举办了十届，同时研讨会的论文集《典籍翻译研究》也已经出版了八辑。多所大学设有典籍英译研究机构，并培养了典籍英译研究方向的硕士、博士。随着中国文化“走出去”战略的实施，中国学者们逐渐认识到典籍英译的重要性，典籍英译作品、有关典籍英译研究的专著、教材、论文等也日益增多。国内的典籍英译研究主题大体可分为以下几个方面：

一、典籍英译综述

正如汪榕培①(1995)所说，古典名著汉译外是我国文学翻译领域的短线。国内典籍英译研究起步较晚，但也有了一定的成绩。

黄中习②(2007)在《文化典籍英译与苏州大学翻译方向研究生教学》一文中总结了国内外中华典籍的英译成就。同时介绍了苏州大学外国语学院研究生翻译课程的教学改革。次年，黄中习③(2008)总结了中国典籍英译史发展的特点及其认识的误区。

汪榕培、王宏④(2009)主编的翻译专业教材《中国典籍英译》由上海外语教育出版社出版。本书介绍了中国典籍英译的历史和现状，然后将典籍分为古典散文、古典诗歌、古典戏剧和古典小说英译四部分分别介绍。

---

① 汪榕培：《古典名著汉译外是我国文学翻译领域的短线》，《外语与外语教学》1995 年第 1 期。

② 黄中习：《文化典籍英译与苏州大学翻译方向研究生教学》，《上海翻译》2007 年第 1 期。

③ 黄中习：《中国典籍英译事业：机遇与挑战》，《宁夏社会科学》2008 年第 6 期。

④ 汪榕培、王宏：《中国典籍英译》，上海外语教育出版社 2009 年版。

王宏①(2012)在《中国典籍英译:成绩、问题与对策》一文中回顾了典籍英译所取得的成绩,分析了现存的问题,并提出了具体对策。

汪榕培②(2013)在《中国典籍英译的几点认识》一文中对中国典籍英译的翻译目的、翻译对象、翻译主体、翻译标准等问题进行了深入的探讨。

王宏印③(2015)对关于中国文化典籍翻译的若干问题进行了探讨。

周新凯、许钧④(2015)的《中国文化价值观与中华文化典籍外译》一文探讨了文化典籍外译的意义、价值和障碍,就中华文化价值观的建立与文化典籍外译的研究重点、途径与方法提出了若干建议。

孙乃荣⑤(2017)对2012—2016年国内典籍英译研究成果进行了综述。

王宏印⑥(2017)探讨了典籍翻译的三大历史阶段及三重文化境界。

二、典籍翻译理论研究

在进行典籍英译的同时,学者们也一直思考着典籍翻译理论与翻译策略问题。

李文革⑦(2000)在《中国文化典籍中的文化意蕴及其翻译问题》一文中探讨了中国文化典籍英译中遇到的富含中国文化意蕴的词语所造成的翻译难点和障碍,并提出在文化对等的翻译原则下可供选择的翻译方法。

王宏印⑧(2003)探讨了典籍翻译及其翻译理论的教学与研究规律。

霍跃红⑨(2005)在《典籍英译:意义、主体和策略》一文中探讨了困扰典籍

---

① 王宏:《中国典籍英译:成绩、问题与对策》,《外语教学理论与实践》2012年第3期。

② 汪榕培:《中国典籍英译的几点认识》,《燕山大学学报(哲学社会科学版)》2013年第3期。

③ 王宏印:《关于中国文化典籍翻译的若干问题与思考》,《中国文化研究》2015年第2期。

④ 周新凯、许钧:《中国文化价值观与中华文化典籍外译》,《外语与外语教学》2015年第5期。

⑤ 孙乃荣:《国内典籍英译研究综述(2012-2016)》,《浙江外国语学院学报》2017年第4期。

⑥ 王宏印:《典籍翻译:三大阶段、三重境界——兼论汉语典籍、民族典籍与海外汉学的总体关系》,《中国翻译》2017年第5期。

⑦ 李文革:《中国文化典籍中的文化意蕴及其翻译问题》,《外语研究》2000年第1期。

⑧ 王宏印:《探索典籍翻译及其翻译理论的教学与研究规律》,《中国翻译》2003年第3期。

⑨ 霍跃红:《典籍英译:意义、主体和策略》,《外语与外语教学》2005年第9期。

英译的三个重点问题，即为什么要译，由谁来译和怎样来译。指出中国译者在翻译时应采用异化的策略从而让世界了解中国。

徐珺、霍跃红①(2008)的《典籍英译：文化翻译观下的异化策略与中国英语》一文探讨了典籍英译过程中应遵循的原则、适用的策略和方法，提出典籍英译时应以文化翻译观为指导，采用异化的策略，适度运用中国英语。

王宏印②的《中国文化典籍英译》一书于 2009 年由外语教学与研究出版社出版。此书为翻译硕士专业学位(MTI)专业选修课教材。书中阐述了中国文化典籍英译的理论与方法，并按历史顺序分门别类地探讨了各种中国文化典籍，是国内第一部中国文化典籍英译的教材。

王宏印③(2010)讨论了中国文化典籍翻译的概念、理论与技巧等诸多方面。

此外，还有结合具体英译本的翻译理论和策略研究，如不同理论视角下《孙子兵法》的英译研究：跨文化传播视角(吴莎，2012)、阐释学视角(张婧、刘兵，2013)、语篇语言学视角(纪蓉琴，2014)、社会学视角(李艺、谢柯，2014)等。

三、典籍英译本研究

典籍英译本的研究较多，中国典籍所涵盖的经、史、子、集几乎都有所研究。

汪榕培早在 20 世纪 90 年代就探讨过《老子》、《庄子》和《诗经》的英译本，并于 1999 年发文探讨了《牡丹亭》的英译及传播，介绍了美国译者伯奇和中国译者张光前的译本，以及他本人的译本及翻译思想。次年，他撰写的《陶渊明诗歌英译比较研究》由外语教学与研究出版社出版。

许渊冲④(2006)在《典籍英译，中国可算世界一流》一文中对英国格雷厄姆译的李商隐《无题》、威利译的《诗经 · 关雎》、理雅各和威利译的《论语》和中国人的译文进行了比较。

---

① 徐珺、霍跃红：《典籍英译：文化翻译观下的异化策略与中国英语》，《外语与外语教学》2008 年第 7 期。

② 王宏印：《中国文化典籍英译》，外语教学与研究出版社 2009 年版。

③ 王宏印：《中国文化典籍翻译——概念、理论与技巧》，《大连大学学报》2010 年第 1 期。

④ 许渊冲：《典籍英译，中国可算世界一流》，《中国外语》2006 年第 5 期。

李玉良、王宏印①(2006)对《诗经》英译研究的历史、现状进行了探讨,并对今后的研究提出设想。

陈红、李加军②(2009)以《孙子兵法》为例探讨了古籍英译译者选词的差异,章国军③(2013)也在研究《孙子兵法》复译的基础上提出了名著复译"误读进化论",罗天④(2015)研究了翟林奈《孙子兵法》译本中的文化聚合现象。

黄中习⑤(2009)以《庄子》为例探讨了典籍英译标准。

蒋骁华⑥(2010)在《典籍英译中的"东方情调化翻译倾向"研究——以英美翻译家的汉籍英译为例》一文中对英美翻译家典籍英译本中的直译现象,结合具体实例,总结出了"东方情调化翻译倾向"的方法与特点并探讨了其原因。

王宏印⑦(2011)评介了林戊荪翻译的《论语》与《孙子兵法》,称其为"译品双璧,译事典范"。

文军、罗张⑧⑨(2011 & 2012) 对国内《水浒传》和《道德经》的英译研究进行了概括综述。次年,陈梅、文军⑩(2013)对国内《中庸》的英译研究进行了回顾。

---

① 李玉良、王宏印:《〈诗经〉英译研究的历史、现状与反思》,《西安外国语大学学报》2006 年第 4 期。

② 陈红、李加军:《古籍英译译者选词差异实证研究——以〈孙子兵法〉英译独特用词为例》,《中国翻译》2009 年第 6 期。

③ 章国军:《名著复译"误读进化论"——以〈孙子兵法〉复译为例》,《外语教学》2013 年第 3 期。

④ 罗天:《翟林奈译〈孙子兵法〉与军事典籍翻译中的文化聚合》,《外国语文》2015 年第 4 期。

⑤ 黄中习:《典籍英译标准的整体论研究——以〈庄子〉英译为例》,苏州大学 2009 年博士学位论文。

⑥ 蒋骁华:《典籍英译中的"东方情调化翻译倾向"研究——以英美翻译家的汉籍英译为例》,《中国翻译》 2010 年第 4 期。

⑦ 王宏印:《译品双璧, 译事典范——林戊荪先生典籍英译探究侧记》,《中国翻译》2011 年第 6 期。

⑧ 文军、罗张:《国内〈水浒传〉英译研究三十年》,《民族翻译》2011 年第 1 期。

⑨ 文军、罗张:《〈道德经〉英译研究在中国》,《上海翻译》2012 年第 1 期。

⑩ 陈梅、文军:《〈中庸〉英译研究在中国》,《上海翻译》2013 年第 1 期。

四、典籍译介与传播

随着越来越多的中国典籍被译介到西方世界，学者们也逐渐开始关注典籍译介与传播的效果。

陈梅、文军①(2011)在《中国典籍英译国外阅读市场研究及启示——亚马逊(Amazon)图书网上中国典籍英译本的调查》一文中调查了中国典籍英译国外阅读市场现状。

裘禾敏②(2012)以《孙子兵法》为例研究了中国典籍在英语世界的传播。

罗选民、杨文地③(2012)综合考察了中国典籍英译状况，认为中国典籍翻译需要借船出海、中西合作。

王君④(2015)从接受美学视角对中国文化典籍英译的对外传播进行了探讨。

李宁⑤(2015)以《孙子兵法》为例对《大中华文库》国人英译本海外接受状况进行了调查，对其接受状况不佳的原因进行了分析。

许多、许钧⑥(2015)也以《大中华文库》的译介与推广为例，就中华典籍的对外译介与传播提出了若干建议。

程玮⑦(2016)以中国茶典籍经典之首《茶经》为例，探讨了中国典籍的对外译介与文化传播。

五、民族典籍翻译研究

中国典籍浩如烟海，民族典籍也是其中重要的一部分。近年来，民族典籍

---

① 陈梅、文军:《中国典籍英译国外阅读市场研究及启示——亚马逊(Amazon)图书网上中国典籍英译本的调查》,《外语教学》2011 年第 4 期。

② 裘禾敏:《〈孙子兵法〉在英语世界的传播》,《浙江社会科学》2012 年第 6 期。

③ 罗选民、杨文地:《文化自觉与典籍英译》,《外语与外语教学》2012 年第 5 期。

④ 王君:《接受美学视角下的中国文化典籍英译对外传播研究》,《辽宁工业大学学报(社会科学版)》2015 年第 3 期。

⑤ 李宁:《〈大中华文库〉国人英译本海外接受状况调查——以〈孙子兵法〉为例》,《上海翻译》2015 年第 2 期。

⑥ 许多、许钧:《中华文化典籍的对外译介与传播——关于〈大中华文库〉的评价与思考》,《外语教学理论与实践》2015 年第 3 期。

⑦ 程玮:《略论茶典籍的对外译介与文化传播研究》,《福建茶叶》2016 年第 9 期。

研究日益吸引了学者们的注意，越来越多的学者参与其中。

王宏印、李宁①②(2006 & 2007)探讨了中国维吾尔族民族典籍《福乐智慧》英译本的认知特点、文体特点和文本特点及其民俗文化意蕴的英译问题。

汪榕培、黄中习③(2008)在《加强民族典籍的英译，弘扬民族优秀文化》一文中阐述了民族典籍翻译的重要性和必要性，肯定了民族典籍翻译的成绩，指出典籍翻译正日益受到关注，民族典籍英译事业大有可为。

王宏印④(2014)提出了中国民族文化典籍翻译的学科基础和发展目标。认为应吸收和借鉴古典学、文献学、语言学、人类学、翻译学等学科的概念、方法和研究，致力于中国多民族文化、文学的创作、翻译和评论研究的综合努力，朝向人类学诗学的目标汇聚，以实现中华民族的伟大复兴和国际跨文化交流的宏大愿景。

2016 年大连海事大学出版社出版了王宏印主编的"中华民族典籍翻译研究"丛书。此丛书是国家出版基金项目，填补了民族典籍翻译研究领域的空白。本套丛书共 5 册，分别为《中华民族典籍翻译研究概论——朝向人类学翻译诗学的努力》(上、下卷)、《藏族典籍翻译研究——雪域文学与高原文化的域内外传播》、《蒙古族典籍翻译研究——从〈蒙古秘史〉复原到〈红楼梦〉新译》、《维吾尔族(西域)典籍翻译研究——丝路遗珍的言际旅行》、《西南诸民族典籍翻译研究——她们从远古的歌谣中走来》。本套丛书涵盖了汉、满、蒙、维、藏及西南诸民族的宗教、文学、语言学、史传、音乐等典籍及其翻译、转译、翻译家、诗人等方面的内容。体裁涉及史诗、叙事诗、民谣、民间故事、戏剧及经文古歌等，包括诸如维吾尔族英雄史诗《乌古斯传》、蒙古族文化元典《蒙古秘史》、西南诸民族

---

① 李宁、王宏印:《〈福乐智慧〉英译本特点评析》,《民族文学研究》2006 年第 2 期。

② 王宏印、李宁:《民族典籍翻译的文化人类学解读——〈福乐智慧〉中的民俗文化意蕴及翻译策略研究》,《民族文学研究》2007 年第 2 期。

③ 汪榕培、黄中习:《加强民族典籍的英译，弘扬民族优秀文化》,《广西民族研究》2008 年第 4 期。

④ 王宏印:《民族典籍翻译研究的学科基础与发展目标》,《广西民族大学学报(哲学社会科学版)》2014 年第 4 期。

的叙事作品《刘三姐》和《阿诗玛》等民族经典作品。该套丛书既有对中华民族的地理分布、迁徙形成、生态环境、风俗习惯、语言文字、文化典籍、翻译活动的论述,又有对所涉及的各族历代文学典籍翻译作品的基本概况和历史发展脉络的研究;在此基础上,又扼要讨论了少数民族典籍翻译已经取得的成就和存在的问题,对一些典型的民族文化现象及其重要的典籍翻译作品进行了个案分析和翻译评论,及对文学作品翻译过程中存在的其他问题的探讨。此丛书兼具文献性和文学性,为我们了解少数民族的文学、宗教、历史及其典籍翻译情况提供了很好的文献支持;对如何书写中华多民族文学史、翻译史做出了初步的思考和探索;也为我国各民族的团结和文化发展提供了借鉴。

王宏印①②③(2016 & 2017)探讨了文化民族主义的文化立场,继而提出中国诸民族文化及其典籍翻译的四大落差,并逐条加以阐述。

李娟、陈伟④(2017)对少数民族典籍英译研究现状进行了述评,总结了成绩与不足。

李正栓⑤(2017)也总结了典籍英译与民族典籍英译研究的新成就。

综上所述,典籍英译虽然仍有不足,但已经有了一定的研究基础而且涉猎面广,涵盖了中国典籍的方方面面。下一章笔者将重点梳理中国典籍的重要组成部分——兵学典籍《孙子兵法》的英译研究。

---

① 王宏印:《中华民族文化典籍与翻译研究——“四大落差”及思考基点(上)》,《民族翻译》2016 年第 4 期。

② 王宏印:《中华民族文化典籍与翻译研究——“四大落差”及思考基点(中)》,《民族翻译》2017 年第 1 期。

③ 王宏印:《中华民族文化典籍与翻译研究——“四大落差”及思考基点(下)》,《民族翻译》2017 年第 2 期。

④ 李娟、陈伟:《少数民族典籍英译研究现状述评》,《安徽文学月刊》2017 年第 6 期。

⑤ 李正栓:《典籍英译与民族典籍英译研究新成就》,《外语与翻译》2017 年第 3 期。

第二章 《孙子兵法》英译研究概述

中国典籍的重要组成部分——兵学典籍《孙子兵法》是中国现存最早的兵书,也是世界上最早的军事著作,被誉为“兵学圣典”。该书是中国文化遗产中的璀璨瑰宝,是中国优秀传统文化中的精粹,其内容博大精深,思想精邃富赡,逻辑缜密严谨,是中国古代军事思想精华的集中体现。《孙子兵法》被称为镇国之宝,在中国被奉为兵家经典。诞生至今已有2500年历史,历代都有研究。

《孙子兵法》的对外传播已有一千多年的历史,被翻译成四十余种语言,译著一万七千余部,其中英译有逾百年历史,国内外已出版英译专著二百余种(部),其影响所及遍布世界。国外对《孙子兵法》给予了很高的评价。孙武被称为“兵圣”、“东方兵学的鼻祖,武经的冠冕”、“兵家之神”。现代西方杰出的军事思想家利德尔·哈特认为《孙子兵法》“内容之博大,论述之精深,后世无出其右者。”本书第一章已经提及国内外学者对中国典籍——《孙子兵法》的英译及其研究。对于《孙子兵法》在国内外的传播,笔者将在第三章进行梳理。本章将详细梳理国内外学者对《孙子兵法》英译本的研究。

笔者选择在百度学术搜索平台进行检索。百度学术是可以检索海量中英文文献的搜索平台,涵盖了大量的数据库,包括中国知网、万方数据、维普咨讯、SpringerLink、Wiley Online Library、EBSCO 等,可检索到图书、期刊论文、学位论文和会议论文等,内容较全面。在百度学术以“孙子兵法”和“译”为关键词进行检索,共检索到 87 篇学位论文、433 篇期刊论文,其中北大核心期刊论文 56

篇,CSSCI 索引期刊论文 37 篇。以“Sun Tzu”和“translation”为关键词进行检索,检索到的几篇与《孙子兵法》英译有关的论文也都是中国学者所写。国外学者多关注的是《孙子兵法》其他主题方面的研究,如军事思想、商业应用等。因此,《孙子兵法》的英译研究目前仍以中国学者为主。检索后笔者发现,虽然有关《孙子兵法》英译研究的文章数量不多,学位论文中也只有 4 篇是博士论文,但近年来有关此主题的文章逐渐增多,《孙子兵法》英译已经引起越来越多学者,尤其是中国学者的关注。笔者将其研究视角概括为以下几个方面:

一、译作评介

译作评价多散落在专著或文章中,专门评介译作的文章并不多。

潘嘉玢、刘瑞祥①(1991)在《中国翻译》上发表文章,对格里菲斯译本进行了评介,肯定了其积极作用,也指出了其不足之处。

鲍世修②(1996)赞林戊荪译《孙子兵法》为“形神兼备、功力不凡”。

于汝波③(2001)在《孙子兵法研究史》一书中的“《孙子兵法》传播及影响不断扩大时期——20 世纪”一章中对《孙子兵法》各英译本进行了历时性描述,包括卡尔思罗普、贾尔斯、格里菲斯、袁士槟、克利里、索耶、安乐哲译本,涵盖了 20 世纪所有的英译本,评介也很翔实。

王宏印④(2011)在《译品双璧,译事典范——林戊荪先生典籍英译探究侧记》中述评他的英译《孙子兵法 · 孙膑兵法》,赞其“体大虑周”、“行文果断、潇洒”、“不乏神来之笔和妙译”,并以此来探索中国文化典籍外译之道。

屠国元、吴莎⑤(2011)对《孙子兵法》英译本进行了历时性描写研究。

徐珺、田芳宁⑥(2016)在《〈孙子兵法〉英译及其研究综述》一文中对国内

---

① 潘嘉玢、刘瑞祥:《评格里菲思的〈孙子兵法〉英译本》,《中国翻译》1991 年第 2 期。

② 鲍世修:《形神兼备,功力不凡——读林戊荪译〈孙子兵法〉》,《中国翻译》1996 年第 3 期。

③ 于汝波:《孙子兵法研究史》,军事科学出版社 2001 年版。

④ 王宏印:《译品双璧, 译事典范——林戊荪先生典籍英译探究侧记》,《中国翻译》2011 年第 6 期。

⑤ 屠国元、吴莎:《〈孙子兵法〉英译本的历时性描写研究》,《中南大学学报》2011 年第 4 期。

⑥ 徐珺、田芳宁:《〈孙子兵法〉英译及其研究综述》,《商务外语研究》2016 年第 1 期。

外的英译本进行了评析。

二、译介与传播研究

随着中国文化“走出去”策略的推进,学者们也开始关注典籍的译介与传播,探索“中学西传”之道。裘禾敏①(2012)在《〈孙子兵法〉在英语世界的传播》一文中回顾了国内外《孙子兵法》英译研究概况,从历时与共时的维度比较、描绘了主要译本在英语世界的传播、接受与影响情况,还就英译本的整合、典籍英译与文化输出等问题对其未来传播研究作了一些展望。

龙绍赟、苏帆②(2015)则将研究范围缩小至美国,研究了《孙子兵法》在美国的翻译与传播。

李宁③(2015)就我国出版的《大中华文库》英译典籍在西方的接受状况进行了研究,从全球馆藏情况、焦点小组读者调查以及公开发表的评论文章三个方面对《孙子兵法》的林戊荪译本在译入语中接受情况进行调查,分析了林译本接受状况不佳的原因在于译本的流通量、保有量小,关注度不高。

三、翻译研究

学者们对《孙子兵法》英译这方面的研究是最多的,包括文本分析、译者主体性分析等多方面。而且学者们多借助翻译学相关理论进行研究,笔者将其分类如下:

(一)阐释学和接受理论

阐释学和接受理论是学者们探讨《孙子兵法》英译使用最多的。学位论文中有 11 篇硕士论文均是以伽达默尔、斯坦纳、姚斯等人的理论为基础进行研究的。

张爱华④(2003)在硕士学位论文《从接受理论角度论重译现象》中通过对

---

① 裘禾敏:《〈孙子兵法〉在英语世界的传播》,《浙江社会科学》2012 年第 6 期。

② 龙绍赟、苏帆:《中国文化典籍在美国的翻译与传播——以〈孙子兵法〉为例》,《江西社会科学》2015 年第 12 期。

③ 李宁:《〈大中华文库〉国人英译本海外接受状况调查——以〈孙子兵法〉为例》,《上海翻译》2015 年第 2 期。

④ 张爱华:《从接受理论角度论重译现象》,对外经济贸易大学 2003 年硕士学位论文。

两个英译本的比较分析尝试阐发重译现象存在的理论根据及重译的必要性。

周建川①(2007)在硕士学位论文《解读文化误译——阐释学视角观照下的〈孙子兵法〉英译本误译研究》中从阐释学视角对《孙子兵法》诸译本中的各种错误译例进行分析,探讨了误译现象的不可避免性及原因,并将误译分为有意误译和无意误译两类。

周英②(2009)在硕士学位论文《"视域融合"概念观照下的译者主体性》中以"视域融合"概念为关照,以闵福德译本为案例,阐述了其是如何发挥译者主体性进行视域融合的。

刘芳③(2009)在硕士学位论文《接受理论观照下〈孙子兵法〉重译现象之实证研究》中运用接受理论的"期待视野"和"空白"概念,进行了问卷调查,分析了卡尔思罗普、格里菲斯和贾尔斯三个译本的差异并论证了重译的重要性。

何香平④(2010)在硕士学位论文《从译者主体性看〈孙子兵法〉三个英译本》中从阐释学角度对《孙子兵法》贾尔斯、格里菲斯和林戊荪三个英译本进行了译者主体性研究,从译者在准备阶段对原文文本的选择,在翻译过程中对语言、文化和军事术语处理和对原文风格的把握这五个方面,揭示了《孙子兵法》英译中体现的译者主体性。

黄姗⑤(2011)在硕士学位论文《从伽达默尔阐释学角度比较〈孙子兵法〉两个英译本》中以格里菲斯和陈炳富英文译本为比较对象,利用伽达默尔的"理解的历史性"、"视域融合"和"有效历史"三个原则对两个英译本进行了对比和

---

① 周建川:《解读文化误译——阐释学视角观照下的〈孙子兵法〉英译本误译研究》,苏州大学2007年硕士学位论文。

② 周英:《"视域融合"概念观照下的译者主体性——敏福德译〈孙子兵法〉个案研究》,湖南大学2009年硕士学位论文。

③ 刘芳:《接受理论观照下〈孙子兵法〉重译现象之实证研究》,国防科学技术大学2009年硕士学位论文。

④ 何香平:《从译者主体性看〈孙子兵法〉三个英译本》,湖南师范大学2010年硕士学位论文。

⑤ 黄姗:《从伽达默尔阐释学角度比较〈孙子兵法〉两个英译本》,西南石油大学2011年硕士学位论文。

分析。

郎力理[①](2011)在硕士学位论文《从阐释学角度看〈孙子兵法〉英译的译者主体性》中以乔治·斯坦纳提出的四步骤理论为理论基础,探讨了格里菲斯和林戊荪译本中译者主体性是如何体现的。

王晓琴[②](2012)在硕士学位论文《从阐释学角度对〈孙子兵法〉两个英译本的文学误译研究》中用阐释学理论对贾尔斯和林戊荪译本进行了分析,指出其误译的部分及原因。

张婧[③](2013)在硕士学位论文《乔治·斯坦纳阐释学观点下〈孙子兵法〉英译主体性的体现》中也以斯坦纳的翻译四步骤理论为理论指导,分析了林戊荪和格里菲斯两个译本,肯定了译者主体性在翻译过程中的重要作用。

李肖芳[④](2013)在硕士学位论文《接受理论视角下〈孙子兵法〉三个英译本对比研究》中运用接受理论中的"期待视野"、"视界融合"、"审美距离"和"意义未定性"这四个概念,从语言层面和文化层面两个方面对《孙子兵法》贾尔斯、格里菲斯和林戊荪三个英译本进行了比较分析。

杨硕[⑤](2013)在硕士学位论文《接受美学视角下文化意象的传递——以〈孙子兵法〉两个英译本为例》中以贾尔斯和林戊荪两个英译本为例,讨论了四类文化意象的翻译方法。并指出接受美学为译者提出了翻译文化意象的三种方法,即保留原意象、替换原意象或删除原意象。指出译者只有充分考虑到读者的期待视野,并对译文的视野进行相应调整,才能使译文最大可能实现与读

---

① 郎力理:《从阐释学角度看〈孙子兵法〉英译的译者主体性》,西南大学2011年硕士学位论文。

② 王晓琴:《从阐释学角度对〈孙子兵法〉两个英译本的文学误译研究》,太原理工大学2012年硕士学位论文。

③ 张婧:《乔治·斯坦纳阐释学观点下〈孙子兵法〉英译主体性的体现》,太原理工大学2013年硕士学位论文。

④ 李肖芳:《接受理论视角下〈孙子兵法〉三个英译本对比研究》,延安大学2013年硕士学位论文。

⑤ 杨硕:《接受美学视角下文化意象的传递——以〈孙子兵法〉两个英译本为例》,湖南师范大学2013年硕士学位论文。

者视野的融合。

（二）功能翻译理论

功能翻译理论是学者们探讨《孙子兵法》英译使用最多的一个理论。学位论文中有7篇硕士论文是以德国功能翻译理论为基础进行研究的。

黄海翔①(2005)的硕士学位论文《以“目的论”为基础对〈孙子兵法·计篇〉四个英译本的比较研究》以目的论为理论基础，对《孙子兵法·计篇》的四个英译本进行了分析。

徐娟②(2007)在硕士学位论文《论〈孙子兵法〉翻译中的“动态平衡”》中，以目的论为理论基础，以《孙子兵法》的三个英译本为例，提出了“动态平衡”的概念和模型。还提出了复译的必要性，也指出没有完美的“最终译本”。

谢道挺③(2010)在硕士学位论文《功能主义视角下四部英文版〈孙子兵法〉译者主体性解析》中以德国功能翻译理论为指导，对贾尔斯、格里菲斯、闵福德以及林戊荪的英译本进行了比较研究。

王帅④(2010)在硕士学位论文《功能目的论视角下〈孙子兵法〉英译本对比分析》中运用功能派理论对贾尔斯和格里菲斯两个英译本的翻译及其不同的翻译策略进行了详细的对比分析，并得出结论：在功能翻译理论视角下，虽然格林菲斯的译本在目的论视角下达到了译本服务于翻译目的的功能，但是贾尔斯的译本在文本类型理论和翻译行为理论视角下更好地抓住了文本类型的准确分类，更好地传递了中国传统文化的深意。

谢文芳⑤(2012)在硕士学位论文《〈孙子兵法〉中文化负载词翻译对比研

---

① 黄海翔：《以“目的论”为基础对〈孙子兵法·计篇〉四个英译本的比较研究》，广东外语外贸大学2005年硕士学位论文。

② 徐娟：《论〈孙子兵法〉翻译中的“动态平衡”》，重庆大学2007年硕士学位论文。

③ 谢道挺：《功能主义视角下四部英文版〈孙子兵法〉译者主体性解析》，福建师范大学2010年硕士学位论文。

④ 王帅：《功能目的论视角下〈孙子兵法〉英译本对比分析》，哈尔滨工业大学2010年硕士学位论文。

⑤ 谢文芳：《〈孙子兵法〉中文化负载词翻译对比研究》，广西师范大学2012年硕士学位论文。

究》中以目的原则、连贯原则、忠实原则及合适的翻译这一标准，对《孙子兵法》贾尔斯、格里菲斯、林戊荪、罗志野四个英译本中文化负载词的翻译进行了对比分析，得出“译文若能实现文本的交际目的和文化功能就是适当的翻译”的结论。

聂思思①(2012)在硕士学位论文《目的论视角下〈孙子兵法〉两英译本的质量评估》中以目的论为基础，对《孙子兵法》两英译本进行了评估，试图建立起一个具有操作性的评价机制。

此外，王靓②(2014)的硕士学位论文也以目的论为视角研究了《孙子兵法》英译。

(三)文化翻译理论

文化翻译理论也是学者们常用的理论之一，硕士学位论文中有6篇硕士论文是在文化翻译理论的指导下进行研究的。

李军③(2007)的硕士学位论文《对〈孙子兵法〉Lionel Giles译本误读误译的案例研究》以苏珊·巴斯奈特的文化翻译理论为基础，从文化视角探讨了贾尔斯译本误读和误译问题，分析了造成贾尔斯误读误译原因，并指出译者的能动性可以在考虑可译度的基础上得到充分的发挥。

黄丽云④(2008)的硕士学位论文《传输中的文化：〈孙子兵法〉文化负载词英译研究》从文本语言和文化交流的视角，对贾尔斯和林戊荪译本中文化词汇的翻译分层次进行了分析。

---

① 聂思思：《目的论视角下〈孙子兵法〉两英译本的质量评估》，新疆大学2012年硕士学位论文。

② 王靓：《〈孙子兵法〉英译研究：目的论的视角》，中国人民解放军信息工程大学2014年硕士学位论文。

③ 李军：《对〈孙子兵法〉Lionel Giles译本误读误译的案例研究》，苏州大学2007年硕士学位论文。

④ 黄丽云：《传输中的文化：〈孙子兵法〉文化负载词英译研究》，福建师范大学2008年硕士学位论文。

黄海翔[①](2009)以闵福德译本中"诡道"的文化误读为例,分析了译者的翻译意图与策略,提出了"典籍翻译的人本主义价值观"这一解决方法。

廖丽[②](2010)的硕士学位论文《从文化角度对〈孙子兵法〉两个英译本的对比分析》中对比分析了林戊荪和贾尔斯两译本中文化负载词的翻译。

夏文洁[③](2012)的硕士学位论文《典籍英译中文化负载词的翻译——以〈孙子兵法〉英译为例》从文化翻译的宏观角度,对贾尔斯和林戊荪译本中部分文化负载词汇的英译进行了分析并总结得出:文化负载词常用的翻译方法有"音译"、"直译(音译)+注解"、"直意译结合"、"意译"和"文化替换"等,并分析了两位译者在文化负载词翻译上不同的处理方法。

张琦[④](2012)将《孙子兵法》中的文化负载词分为生态、物质、社会三大类,对比了贾尔斯与袁士槟译本所采用的不同翻译策略。

张晓君[⑤](2014)的硕士学位论文《勒弗菲尔诗学理论关照下〈孙子兵法〉两译本对比研究》从文化层面探讨了《孙子兵法》英译,以勒弗菲尔的诗学理论为理论框架,从诗学对翻译的操控的两个方面分析了贾尔斯和格里菲斯两个译本翻译主题的选择、翻译目的以及对译文层面的操控,将两位译者及其翻译作品置于更广阔的社会文化背景下进行研究。

(四)跨文化传播理论

吴莎[⑥](2012)的博士学位论文《跨文化传播学视角下的〈孙子兵法〉英译研究》在跨文化传播学视角下对《孙子兵法》多个英译本进行了对比研究。

---

① 黄海翔:《论文化翻译视角下典籍英译的人本主义价值观——以〈孙子兵法〉Minford 译本中"诡道"的文化误读为例》,《外语教学理论与实践》2009 年第 1 期。

② 廖丽:《从文化角度对〈孙子兵法〉两个英译本的对比分析》,上海交通大学 2010 年硕士学位论文。

③ 夏文洁:《典籍英译中文化负载词的翻译——以〈孙子兵法〉英译为例》,山东财经大学 2012 年硕士学位论文。

④ 张琦:《〈孙子兵法〉两个英译本中文化负载词翻译的比较研究》,山东师范大学 2012 年硕士学位论文。

⑤ 张晓君:《勒弗菲尔诗学理论关照下〈孙子兵法〉两译本对比研究》,西北师范大学 2014 年硕士学位论文。

⑥ 吴莎:《跨文化传播学视角下的〈孙子兵法〉英译研究》,中南大学 2012 年博士学位论文。

毛晓迎①(2013)的硕士学位论文《从模因论视角看〈孙子兵法〉在西方世界的翻译与传播》从跨文化传播理论——模因论来研究《孙子兵法》在西方世界的翻译与传播过程,归纳出了《孙子兵法》翻译传播过程中的基本图式,得出了《孙子兵法》模因在西方世界的翻译与传播遵循文化进化的规律,即选择、适应、变异等动态变化过程。这些模因的适应性使得《孙子兵法》的翻译过程呈现出从归化策略到异化策略的趋势。

谢柯、李艺②(2015)在传播学理论的指导下以《孙子兵法》为例研究了中国文化"走出去"的译介模式。

黄钰雯③(2017)的硕士学位论文《从模因论看〈孙子兵法〉英译本的翻译策略和传播过程》同样用模因论来分析两个不同时期《孙子兵法》英译本采取不同翻译策略的原因,以及如何在西方国家进行传播的过程。总结得出两个译本得以成功传播的原因,在于不断"试错"并通过调整翻译策略,即从归化逐渐过渡到异化。

(五)语篇语言学理论

孟祥德④(2007)的硕士学位论文《〈孙子兵法〉中"势"的语篇意义及英译》在语篇分析理论的基础上,以《孙子兵法》五个译本对"势"这一文化内涵丰富的概念的翻译作为对象展开分析。

彭明强⑤(2008)的硕士学位论文 *Cohesion and Coherence Focused Studies on the Three English Versions of The Art of War* 对《孙子兵法》三部译本的衔接、连贯方式进行分析,以阐明语篇语言学在理论和实践方面对翻译研究都具有重大

---

① 毛晓迎:《从模因论视角看〈孙子兵法〉在西方世界的翻译与传播》,武汉科技大学 2013 年硕士学位论文。

② 谢柯、李艺:《传播学视域下中国文化"走出去"之译介模式研究——以〈孙子兵法〉在英语世界的译介为例》,《外文研究》2015 年第 9 期。

③ 黄钰雯:《从模因论看〈孙子兵法〉英译本的翻译策略和传播过程》,四川外国语大学 2017 年硕士学位论文。

④ 孟祥德:《〈孙子兵法〉中"势"的语篇意义及英译》,苏州大学 2007 年硕士学位论文。

⑤ 彭明强:*Cohesion and Coherence Focused Studies on the Three English Versions of The Art of War*,电子科技大学 2008 年硕士学位论文。

意义。

李小丽①(2011)的硕士学位论文《〈孙子兵法〉四个英译本的语篇分析比较》利用语篇分析理论与"Antconc"工具,分析比较了四个《孙子兵法》英译本,探索了优质译本生成的深层语篇原因。

纪蓉琴②(2014)在《元语篇的主体间性建构与典籍英译——以〈孙子兵法〉英译为例》一文中通过对《孙子兵法》的英汉元语篇标记语的对比分析,认为元语篇的主体间性本质可以为典籍英译翻译策略的选择提供依据。

(六)关联理论

关联理论源自语用学中的关联原则,共有3篇硕士学位论文以关联理论为基础探讨《孙子兵法》的英译。

曾四凯③(2006)的硕士学位论文《论〈孙子兵法〉之最佳英译本:用关联理论视角进行文化和语言比较研究》运用关联理论对《孙子兵法》三个英译本进行了文化与语言上的对比分析。

孙维波④(2011)的硕士学位论文《论〈孙子兵法〉译本的语篇关联性》依据关联理论分析了《孙子兵法》的三个译本,以哈蒂姆和梅森提出的语篇框架来探讨译本是否有利于目标读者获取最优的语境效果。

陆晔⑤(2016)的硕士学位论文《〈孙子兵法〉两英译本中文化负载词的翻译对比研究——以关联理论与文化图示理论为视角》对贾尔斯和林戊荪译本进行了对比研究,分析了两位译者在文化负载词翻译上的相同点与不同点并探讨了在关联理论与文化图式理论的视角下应当如何处理《孙子兵法》中文化负载词所包含的文化信息。

---

① 李小丽:《〈孙子兵法〉四个英译本的语篇分析比较》,苏州大学2011年硕士学位论文。

② 纪蓉琴:《元语篇的主体间性建构与典籍英译——以〈孙子兵法〉英译为例》,《上海翻译》2014年第2期。

③ 曾四凯:《论〈孙子兵法〉之最佳英译本:用关联理论视角进行文化和语言比较研究》,浙江大学2006年硕士学位论文。

④ 孙维波:《论〈孙子兵法〉译本的语篇关联性》,中国人民大学2011年硕士学位论文。

⑤ 陆晔:《〈孙子兵法〉两英译本中文化负载词的翻译对比研究——以关联理论与文化图示理论为视角》,贵州师范大学2016年硕士学位论文。

（七）语料库

张婉丽①（2013）通过建立林戊荪和格里菲斯译本的平行语料库，用定性和定量结合的研究方法对两个译本中的军事术语进行了对比分析。

李晶玉②（2015）的硕士学位论文《基于语料库的〈孙子兵法〉四个英译本翻译风格对比研究》运用语料库检索软件对《孙子兵法》四个英译本进行了多层次、多角度的定性分析，研究了四位译者在词汇、句法和可读性三个方面体现的一系列语言特点，发现了译者的翻译风格特征。

田芳宁③（2016）的硕士学位论文《基于 Wmatrix 的〈孙子兵法〉英译本分析》也运用语料库软件对《孙子兵法》英译本进行了分析。

（八）交际与语义翻译理论

杨列军④（2008）的硕士学位论文《〈孙子兵法〉三英译本之比较研究》以交际翻译为视角对贾尔斯、袁士槟和林戊荪的三个《孙子兵法》英译本进行了比较研究。

马大友⑤（2012）的硕士学位论文《交际与语义翻译理论视角下的贾尔斯的〈孙子兵法〉英译本研究》基于彼得·纽马克的交际翻译和语义翻译理论，通过实例列举和分析，对贾尔斯的《孙子兵法》英译本的翻译方法和效果进行了阐释。

杨莹⑥（2016）的硕士学位论文《语义—交际翻译视角下林戊荪和格里菲斯〈孙子兵法〉英译本的对比研究》在纽马克语义与交际翻译理论框架下，从语言

---

① 张婉丽：《基于语料库的〈孙子兵法〉军事术语英译研究》，大连海事大学 2013 年硕士学位论文。

② 李晶玉：《基于语料库的〈孙子兵法〉四个英译本翻译风格对比研究》，聊城大学 2015 年硕士学位论文。

③ 田芳宁：《基于 Wmatrix 的〈孙子兵法〉英译本分析》，对外经济贸易大学 2016 年硕士学位论文。

④ 杨列军：《〈孙子兵法〉三英译本之比较研究》，北京语言大学 2008 年硕士学位论文。

⑤ 马大友：《交际与语义翻译理论视角下的贾尔斯的〈孙子兵法〉英译本研究》，中南大学 2012 年硕士学位论文。

⑥ 杨莹：《语义—交际翻译视角下林戊荪和格里菲斯〈孙子兵法〉英译本的对比研究》，西南交通大学 2016 年硕士学位论文。

和文化的维度对林戊荪和格里菲斯两位译者在词汇、句法、文化信息的处理方面表现出的不同进行了对比分析。

《孙子兵法》英译的研究视角日趋多元化。另有学者从译者主体性理论（杨敏，2007；雷丹，2015）、语义学（张琳琳，2010；贺凯达，2014）、多元系统理论（张琳瑜，2011）、权力话语理论（王晓莹，2011）、解构主义（方雪梅，2011）、批判话语理论（闫晓宁，2012）、误读理论（章国军，2013）、描述翻译学（金姗姗，2013）、中国本土翻译理论——生态翻译学（王珊珊，2011；刘晓晶，2013）视角进行研究。还有跨学科的研究，如，文献学（王铭，2005）、认知心理学（彭朝忠，2008）、伦理学（李征，2016）、社会学（李艺、谢柯，2014；霍瑞花，2017）等理论都被用来进行翻译研究。

第三章　孙武与《孙子兵法》

3.1　孙武

3.1.1　孙武生平

孙武，字长卿，中国春秋时期齐国乐安人（今山东惠民县，一说为山东广饶县）。孙子是人们对他的尊称。生卒确切年月不详，大致与孔子同时而稍晚，人们通常认为大约在公元前545年至公元前470年之间。

孙武的祖先陈完是陈国人，陈国厉公之独生子。陈国本是妫姓，传说是帝舜的后裔。在西周建立初，为了使帝舜的后裔不绝嗣，特封妫满于陈，都城在宛丘（今河南淮阳）。后来，因宫廷内部发生内讧，陈完逃到齐国。后因陈与田音同意通，陈完改姓田。陈完死后，谥号为敬仲，其后代子孙在齐国世世为官，如田乞（田厘子）、田常（田成子），都是能废立齐公的重臣。及至田完的四世孙无宇时，生有二子，一为恒，一为书。田书是田完的五世孙，也是孙武的祖父，在军事方面颇有才干，帮助齐景公攻下莒（莒，古国名，在今山东日照、沂水等地区）。田书伐莒事载《左传·昭公十九年》（公元前523年）。田书奉命攻莒共公于莒邑纪彰（在今江苏省赣榆东北）。他命军队乘夜缘绳登城，登上60人后，绳断，齐军击鼓呐喊,城上人也大声鼓噪。莒共公因慑于声威而从西门逃走。齐军进占纪鄣。齐景公对田书在攻莒战争中的表现十分满意,为了表彰他的功绩,就把乐安(约在今山东惠民一带)作为封邑赐给他,同时赐姓"孙"氏。他父亲孙凭也做了齐国的卿士。

孙武的祖辈都精通军事,他从小就受到家庭的熏陶,这给他日后从事军事理论著述和战争实践打下了坚实基础。孙武出生时已是春秋末期,中国历史上春秋与战国相连,是典型的"乱世"。诸侯混战,战乱不息,战事频仍,本着救人民于水火的"慎战"思想,孙武深研兵法韬略。另外,当时的社会环境,也对孙武研究军事十分有利。因战乱多,兵学也相应地特别发达。孙武所居的齐国更是一个兵学研究源远流长的地方。齐国自姜太公立国开始,就特别重视对战争经验的总结,并较早形成了完整的兵学理论体系。这里探讨军事理论和兵法韬略的学术气氛历来很浓,其成就也最大。在宋代颁布的《武经七书》中,最精华、最有影响的几部(包括《孙子兵法》在内)都来自先秦时代的齐国。在社会环境的影响下,孙武在青年时代就成为学识渊博的军事人才。

后来齐国内乱,孙武为避祸乱来到吴国(今江苏省苏州一带)。来到吴国后,孙武隐居下来,过着亦耕亦读的田园生活,潜心研究战争史和各种战争理论,撰写他的兵法十三篇,并结识了日后在吴国政治舞台上举足轻重的楚亡臣伍子胥。伍子胥在结识了孙武之后,认识到他是一位军事上的奇才,必能帮助吴王实现军事上的巨大成就。伍子胥向吴王推荐了孙武,《吴越春秋·阖闾内传》载,伍子胥曾"一旦七荐孙子"。据《史记》记载,公元前512年经吴国大将伍子胥的推荐,孙武以兵法十三篇见吴王阖闾。阖闾说:"子之十三篇,吾尽观之矣。"吴王读完孙武撰写的兵法后,被句句珠玑的语言和博大精深的议论所吸引,也有了历史上著名的"吴王问对"。孙武"每陈一篇,王不知口之称善,其意大悦"。君臣二人从诸侯争霸谈到田赋税制,从战争谈到和平,从远古谈到当下,从深入敌国谈到拒敌于国门之外等,一问一答,分析透彻,见解精到,发人深思,给人启迪。经过与孙武对兵学的一番探讨,吴王最终相信了孙武在军事理论方面的高深造诣和修养。吴宫论兵,使孙武的十三篇兵法从陋室走向了庙堂，即将投入实践的检验场。虽然吴王对孙武的治国理论非常赞同，但对孙武本人究竟能否带兵作战心存疑问，因此，吴王当时给孙武出了一道测试题。于是有了著名的“吴宫教战”。

汉代大史学家司马迁在《史记》中绘声绘色地记述了他晋见吴王阖闾、吴宫教战、斩二美姬的故事。吴王故意用从没经过军事训练的宫女给孙武操练。吴王阖闾下令从宫女中选出 180 人，让她们身着戎装，手持兵器，分为两队，并让两位宠姬各自担任其中一队的队长，让孙武组织操练她们。吴王自己则和一些大臣们登上高高的校阅台临场观看。孙武请吴王派执法官和传令官协助操练，再派几个军士执斧钺剑戟，立于将坛两边，以壮军威，严肃气氛。吴王还将自己的佩剑给孙武：“若有不听命令或故意捣乱者，可以斩首惩戒！”在讲完军纪法规及操练要领后，孙武下令击鼓。但宫女们并不认真，只当是玩笑。两个队长更是肆无忌惮。孙武又把命令重复一遍，再次击鼓，宫女们依然漫不经心。孙武大怒，对宫女说：如果没有把命令和要领给你们讲明白，没有把军纪法规向你们讲清楚，那是我的过错，既然我已经三番五次地把一切都给你们讲明白了，而你们仍不按照命令执行，这便是你们犯罪！于是要将两名队长斩首，以儆效尤。吴王忙命人阻止斩杀他的两名宠姬，但孙武认为将在军中有权处理实际情况，即使君主也不能随便干涉。斩首了两名队长，其他宫女再也不嬉笑喧闹了，所有动作整齐划一。吴王气愤他不听旨意，执意斩他爱姬，因此不愿任用孙武。但经过伍子胥的劝谏，一再地晓之以利弊，吴王最终意识到，孙武正是自己梦寐以求的统帅人才，于是决定拜孙武为大将，统帅整个吴国军队。吴宫教战的故事在银雀山汉简《孙子兵法·见吴王》、《吴越春秋·阖闾内传》中均有记载。

孙武在吴为将期间，与伍子胥共同辅佐阖闾，安抚人民，清明政治，内修武备，外图诸侯。孙武率领吴军对楚国作战，初试锋芒便表现出了极不寻常的军事指挥才能，进一步赢得了吴王阖闾的信任和重用。《史记·伍子胥列传》记载：在这段历史时期，孙武协助吴国“西破强楚，北威齐晋，南服越人”，使吴国成为当时强国之一。

“西破强楚”指吴王阖闾接受了伍子胥、孙武的扰楚、疲楚的战略决策，于公元前506年对楚进行深远千里的奇袭,“以三万破楚二十万”,五战五胜,攻入郢都(在今湖北江陵县西北),是典型的“以少胜多”的一次著名战役,也是春秋时代一次规模最大、影响最为深远的重要战争。五战分别为:小别(山名,今湖北省汉川东南)至大别(今湖北省大别山脉)之战、柏举(今湖北省麻城东北,一说汉川北)决战、清发水(今湖北省涢水)追击战、雍澨(今湖北省京山西南)打援之战、入郢之战。最终,楚昭王弃城南逃,吴军则声威大振①。此次战役充分体现了孙子先胜后战、进攻速决、避实击虚、因敌制胜、半渡而击等谋略思想,充分印证了孙武的才智和谋略,因而“显名于诸侯”。战国中期的尉缭子在其兵法《制谈》中说:“有提三万之众而天于莫能挡者谁,武字也。”《荀子》中也有对孙武在吴楚之战取得胜利的赞誉。

“北威齐晋”是指吴国威震中原,暂取代晋国的霸主地位。《吕氏春秋·简选》也称,吴阖庐“北迫齐晋,令行中国”。“北威齐晋”之“威”,是威迫、威胁之意,意为吴国强大,齐晋为之畏惧。《越绝书·记吴地传》记载:“阖庐伐齐,大克。”《左传·哀公十一年》记载,吴大败齐于艾陵(今山东省莱芜东北),迫齐求和。这些都当在《史记》所言“北威”之中。

“南服越人”指吴王夫差二年(公元前494年),吴军败越于夫椒(今江苏省苏州市吴中区西南太湖中,一说今绍兴市西北之夫山),乘胜追击至会稽山,迫越王勾践臣服之事②。

后来,吴王夫差取得霸主地位后,骄奢淫逸,目空自大。伍子胥被吴王夫差赐死。而孙武的后半生事迹却没有任何历史记载。孙武因何而终,终于何时,都成了历史上的不解之谜。《曲品校录·能品哭吴》的吴于东说:“孙子十三篇兴吴,吴几霸矣。功成身隐,盖不浓为胥江之怒涛耳。”《唐太宗李卫公问对》中也称,孙武“脱然高引,不知所往”。据此,可推测为孙武是功成身隐,以尽天年而终的。但是《汉书·刑法志》称:“孙、吴、商、白之徒,皆诛戮于前,而功灭亡于后。”颜师古注称,“孙”即孙武。因此也不能排除孙武被害致死的可能性。《越

① 孙武:《孙子兵法:汉英对照》,袁士槟译,外语教学与研究出版社1997年版,第4－5页。

② 吴如嵩主编:《孙子兵法辞典》,白山出版社1995年版,第108页。

绝书·记吴地传》载有“巫门外大冢,吴王客将孙武冢,去县十里。善为兵法。”“巫门”原在战国时吴国姑苏。据此推测,孙武可能终于今江苏省苏州市所辖的吴中区。如果按照终年公元前470年计算,孙武终年75岁①。

3.1.2 孙武的军事思想

一、孙武对战争一般规律的认识

(一)孙武认为战争规律是可知的,战争计划是可以制订的

《孙子兵法》是一部研究战争基本规律的著作。孙武在这部著作中,深入系统地研究了战争中的致胜因素问题。孙武认为,战争的规律是可以认识的,战争中的胜利和失败也是可以提前预知的。问题就在于你是否把敌方的各种力量和条件,我方的各种力量和条件,都做了科学合理的比较与衡量,并且能否从中找到打败敌人的最好办法。孙武把这个过程叫作“庙算”。古代兴兵作战,首先要在宗庙里举行仪式,分析战争的利害得失,商讨进行战争的各种计划。这一过程就叫“庙算”。孙武非常重视“庙算”,认为凡在作战前制定战略能取胜的一方,是因为它计划周密,获胜的条件也就多;凡是不能取胜的,是因为它计划不周密,就丧失了许多获胜条件。计划周密就能打胜仗,计划不周密就不可能打胜仗,更何况毫无计划呢?孙武说,根据这一点就可以知道谁胜谁负了。

(二)重视战争,慎重地对待战争

孙武告诉人们说:战争是国家的大事,关系到国家存亡,人民的生死,因此一定要认真对待,千万不能草率行事。

孙武对待战争的名言是:符合国家利益时就进行战争,不符合国家利益时就要马上停止战争。他告诉人们说:“不是对国家和我方十分有利就不能进行战争;不是一定能够打败敌人就不要轻易用兵;不是迫不得已的时候就不要去冒险作战。国君和将领也不可因一时的愤怒而发动战争。愤怒是可以恢复到喜欢的,一时的气愤也是可以恢复到高兴的。但是,国家灭亡了就不能恢复,人

---

① 谷兴荣、王星明:《孙子探源:孙子其人及其孙子兵法》,海南出版社1992年版,第5页。

民战死了就不能复生。所以,对待战争问题,要谨慎了再谨慎。”

孙武的这一战争指导思想,是对无数战争经验的总结,是对春秋时代残酷战争现实中许多血的教训的汲取。大文学家司马迁在他的《史记》中曾说过:“春秋时代,各国君主中被杀者就有 36 人之多,国家被人兼并灭亡的也有 52 个,至于诸侯逃奔到别的国家,失掉君主地位,不能保住自己江山社稷的人,那就数不胜数了。”在这样激烈的政治与军事斗争中,稍有不慎,就可能招致杀身亡国之祸。将战争问题提到了关系国家存亡的高度来认识,这是孙武的一个重要战争观,也是他一贯坚持的一条军事原则。

(三)进行战争要考虑国家经济的承受能力

孙武认为,要进行一场大规模战争,没有强大的经济实力作为后盾,想夺取最后胜利是根本不可能的。他在《作战篇》中特别强调了这个问题。他说:“凡是用兵打仗的一般规律,要出动战车千辆,重车千辆,动用十万人的军队,还要从千里以外运送粮食到前方,这样前方和后方的费用,招待使节的开支、武器装备等,每天要耗费千金,然后,十万大军才能出动。”

孙武所处的那个时代,交通运输还非常落后,军队的后勤供应难度很大,这样就更加重了国家和人民的负担,甚至还可能因战争造成经济崩溃,财源枯竭,进而使国家和人民陷入极端危险的境地。

为此,孙武提出了如下一些主张:

首先是军需品可以从自己的国家获取,但军队的粮草要到敌国去解决,这样既可以在经济上减轻国家和人民的负担,也是削弱敌国经济实力,最终打败敌人的一个好办法。

其次是主张速战速决,不要把战争拖得太久。孙武认为,军队长期在外作战,就会很快耗尽国家的实力,敌人就会乘机进攻,到那时便无法挽回局面了。

(四)重视军事活动与外交斗争的关系

在春秋战国时代,我国版图上有数十个诸侯国,它们之间,在政治、军事、外交上进行着激烈的较量,彼此不断征伐,互相兼并,狼烟不熄。而周天子只是一个名义上的天下共主。在这数十个国家中,实际只有几个强大的国家能够夺得霸权，号令天下。一些小国和弱国为了生存，在进行激烈的军事斗争的同时，还要进行外交上的努力。

春秋时代，各国的外交活动十分频繁，这是那个时代一个突出的现象。这种十分繁忙的外交来往，基本上都出自政治和军事斗争的需要。孙武生活在这一时代，十分懂得和重视战争与外交手段的关系，提出了“伐交”，即打外交仗的一些重要思想。

孙武的“伐交”战略有以下几个特点：

第一，重视外交仗和军事谋略计划的相互关系与相互配合。他提出了“上兵伐谋，其次伐交”，认识到要清楚地了解各国诸侯的谋略企图，才能打好外交仗，反对单纯盲目的外交活动，要用谋略去指导外交。

第二，在争取战争盟友和孤立敌人时，要善于运用利害关系进行打击或拉拢。他告诉人们，最好的办法是，为了造成敌人的不利，就要用敌人害怕的事情去伤害他；为了造成敌人的忙于应付，就要用危害敌人利益的事情去驱使他；为了造成敌人疲于奔命，就要用小利去引诱他。

第三，进行外交斗争，要以武力为后盾。这样不仅可以威胁敌国，还可以达到自己的外交目的。

（五）孙武的“全胜”、“不战而胜”思想

孙武主张战争不打便罢，一打，必须争取全面胜利，最起码要用最小的代价去换取最大的利益。

为了实现“全胜”的目的，孙武认为要以“谋略”为先。谋略取胜中包括了政治斗争和外交斗争，以及用间的办法。利用敌人与其盟友之间的矛盾和纠纷，施展各种破坏性的计谋，使敌人不能有效地和我方抗衡，这样，可以不费一兵一卒就能达到战胜敌人的目的。

孙武认为最高超的军事斗争手段，不是用兵戎相见的手段来打败敌人，而是能够在不用战争手段的情况下就能夺得全面胜利。他强调要“不战而屈人之兵”。

（六）提出了战争主动权的重要性

孙武认为军队在战争中如果失去了主动权，就会处于被动挨打的地位，就有被打败或被消灭的危险。孙武关于牢牢掌握战争主动权的名言是："善战者，致人而不致于人。"这句话的现代汉语意思是"善于打仗的人要调动敌人，而不要被敌人所调动。"不能跟着敌人的指挥棒转，否则肯定是要打败仗的，甚至是要被敌人吃掉的。

孙武认为，掌握主动权的办法是：一要善于隐藏自己，神出鬼没，使敌人无法看到或知道我军的动向，这样我方就主动，敌人就会手足无措。二要找到敌人的要害和弱点，并去进攻和打击这些要害和弱点，这样敌人就会跟着我方的指挥棒转。

以上六个方面被普遍认为是孙武对战争一般规律的重要发现，也是孙武对中国古代乃至世界军事科学的主要贡献。

孙武的战略战术思想是建立在对战争一般规律正确认识之上的。

二、孙武的战略战术思想

（一）孙武战略战术思想的核心是强调"避实击虚"

孙武将用兵打仗的规律比作水的流动。避开敌人的强点和实处，去攻击敌人的弱点和虚处。水是由地形的高低不平来决定自己的流动方向，用兵打仗的规律是根据敌人的强实或虚弱来决定不同打法的，这样就能每仗必胜。

孙武还告诉人们说："战争是没有一个固定模式可循的，所以，实际作战中也没有一个固定模式和固定的打法。如果能采取敌人变化，我也随他的变化来变化，就一定能取得胜利。能做到这一点，就可以称得上是用兵如神了。"

孙武把"实"比作是坚硬的石头，把"虚"比做是鸡蛋，如果用坚硬的石头去打鸡蛋，就必然能够取胜，相反，就必败无疑。孙武所说的"避实击虚"就是这个意思。孙武把"避实击虚"看成是制定必胜战略战术的普遍原则。

（二）孙武用兵的重要战略战术法则是"攻其不备，出其不意"

孙武在他的十三篇中，一开始就指出了用兵打仗要依靠欺骗和诈术来对付敌人。人们经常说"兵不厌诈"、"兵以诈立"，就是这个意思。孙武说"攻其不备，出其不意”，就是要指挥战争的人学会进攻敌人那些应该防守戒备而又没有很好防守戒备的地方，要每一行动都出乎敌人的预料，这样就能常打胜仗。

孙武在这里所说的“攻其不备，出其不意”，是对“避实击虚”这个战略战术核心原则的进一步发挥。因为敌人没有很好防守的地方，或敌人意想不到的地方，也就是敌人的“虚弱”方面。

（三）先发制人，速战速决

孙武讲战争中要处处争先。主要是指两个方面：一是战略上，也就是全局上；二是战术上，也就是每个具体的打法上。孙武认为战争中先动手的一方就能夺取有利的条件，就能处处主动。

但是，孙武也不是绝对地要求先发制人，有时他也认为“后发制人”同样重要。例如，他常讲“以逸待劳”，就是先使敌人疲劳，我方先安逸地隐藏起来，如果劳累敌人的目的一达到，就马上出来打败敌人，这就是后发制人。采取“先发制人”和“后发制人”的办法，都能夺取胜利，只是要根据实际情况的不同来使用罢了。

孙武不管是讲“先发制人”还是“后发制人”都体现了他的“速战速决”思想。速战速决，不做过多的时间消耗，可以防止形势向不利于自己方面的变化，就能夺取全面胜利。

（四）知彼知己，知天知地

“知彼知己，百战不殆”是孙武有关战争的至理名言。

孙武的这一认识反映了他的哲学观点，证明他已看出了解敌情和我情的重要性。特别是了解敌情的问题，尤为重要，如果对敌人的情况一无所知，就不可能打胜仗。所以，孙武在他的兵法十三篇中反复告诫人们要认真仔细地了解敌情。

孙武说，那些经常打胜仗的人，就是那些在了解敌人情况上花费了很大气力和代价的人。古代许多明君贤将，一出动就能打败敌人，夺取胜利，原因虽然很多，但是，先认真细致地了解敌人的一切情况，却是最主要的。因此，他提出了要极其重视“间谍”活动，依靠间谍可以达到很好的“知彼”，就能保证每战必胜。

孙武还认为，打仗不光要弄清敌情和我情，还要上知天文，下知地理，中知人事，无所不知，处处先知，才能每战必胜。

（五）时时审查战争形势的变化，要敌变我变

孙武在十三篇中不止一次地说到，战争活动是一个瞬息万变、捉摸不定、虚虚实实、真假难分的智力游戏，那些善于打仗的人就是能够时刻知变和应变的人。所以，孙武专门写了《九变》一篇来谈这个问题。

孙武在《九变》中很全面地阐述了如何知变和如何处变的具体方法。

首先，孙武想让人们知道，变化实际上就是战争敌我利害关系的变化，变就是根据这些利害关系的变化而变，对我方有利的要力争，对我方不利的就要赶快抛弃。

其次，孙武指出，善于根据利害变化而变化的人，就是善于争取战争主动权的人。变化不是目的，每时每刻都要牢牢把握战争主动权才是目的。

最后，变化还有一点，就是要保证军队在战争中的灵活机动。灵活机动了，就可以变化自如，就会经常处于主动地位。

孙武以上的战略战术思想在他的兵法十三篇中占有很重要的地位，它是孙武军事思想的精华之一①。

3.1.3　孙武的哲学思想

《孙子兵法》中所反映的哲学思想核心是朴素的唯物主义和辩证法思想。从哲学观点讲，“唯物主义是人们在社会实践的基础上发展起来的对客观世界的实事求是的认识。”在两千多年以前，孙武能够综合社会诸现象（主要是与战争有关的），并汲取前人的成果，以丰富他的《兵法》。

《孙子兵法》之所以成为不朽的著作，是因为它揭示了战争规律，反映了朴素的唯物主义和原始辩证法的思想。

---

①　陈学凯、曹秀君：《孙武》，新蕾出版社 1993 年版，第 94 – 104 页。

在两千多年以前的春秋时代,中国社会正由奴隶社会向封建社会过渡。春秋战国五百年间,各种思想——孔子、孟子、荀子、墨子、庄子、老子、孙子思想——广泛流传。由于社会的发展,有的被淘汰了,有的虽继续流传,但不像孙子的思想,历代盛行不衰。这有力地说明孙子的学说富有生命力和实用价值。

春秋时期的宗教信仰有天神崇拜和祖先崇拜,有社稷、日月、山川等自然崇拜还有其他鬼神崇拜,也因此形成了相对固定的郊社、宗庙及其他祭祀制度。春秋时期宗教最为显著的特征是天神崇拜。其次,因需要供奉祖先等,发展出了非常完备的宗庙祭祀制度。因此,古代国家宗教形成了职业巫师队伍,以进行祭祀和卜筮这两种最主要的宗教活动。但孙武却能高瞻远瞩,不被当时盛行的迷信活动所蒙蔽。《孙子兵法》中朴素的唯物主义思想首先表现在无神论和反天命论上。例如:

孙武说:"先知者,不可取于鬼神,不可象于事,不可验于度,必取于人,知敌之情者也。"此句意为:不能用迷信方法去获取敌情,只能从知道敌情的人身上去了解。"不可取于鬼神"指不能用祈祷、祭祀鬼神和占卜等迷信方法去获取敌情。"不可验于度"指不能用征验星辰运行度数的办法去求知敌情。"度"指日月星辰运行的度数,即位置。古人相信日月星辰的不同方位有着不同的含义,预示着现实生活中的事件,因此古人多用来预测战争胜负、国家兴亡、个人命运等。由此,我们也能看出孙武的唯物主义思想,他对于当时盛行的通过祈求鬼神、占星等宗教活动去决定战争胜负的态度实际上是排斥的,因为这些活动无助于战争的胜利。

另一个能够佐证孙武唯物主义思想的例子是他主张"禁祥去疑,至死无所之"。"祥"是吉凶的预兆,这里指春秋时期盛行的占卜之类的迷信活动。春秋时期,人们经常用卜筮来预测某些事项的吉凶。孙武认为,只有禁止迷信活动,消除疑虑和谣言,士卒才能到死都不逃避。在迷信活动盛行的两千多年前的春秋时期,孙武所揭示的无神论的唯物主义思想是非常难能可贵的。

再如,孙武说:"天者,阴阳、寒暑、时制也。"这里明确指出,"天"即昼夜、晴雨、寒冷、炎热等气候季节的变化,决定战争胜负的因素之一是自然界而不是主宰命运之天。这种客观看待问题的反天命论的观点在两千多年前的春秋时期是非常先进和难得的。

另外,孙武提出了“五知”——“知彼知己”、“知天知地”、“知诸侯”。这个精辟观点的提出,说明孙武的用兵思想是建立在切实掌握客观情况基础之上的,一切从战场实际出发,力求主客观一致,而不能把战争的胜利建立在祈求鬼神的护佑上或主观臆测、简单推理上。这种正视客观实际的朴素唯物论观点是非常可贵的,也是不朽的。

与此同时,孙武强调人的地位与作用,把人心的向背看成判断战争胜负的首要条件。他的“必取于人,知敌之情者也”的原则,指要依靠用间来获得敌军确切的情报,突出了人的作用。而且,这一原则不仅指的是用间,在“令民与上同意”、“庙算”、“伐谋”、“伐交”以及“日费千金,则十万之师举矣”这一系列属于政治、外交、经济等作用于战争中的诸因素中,他都非常强调人的作用。他认为:“上下同欲者胜”。而且这是“知胜有五”的条件之一。他说:“令素行者,与众相得也。”将帅同士卒之间相处融洽才能贯彻执行命令。重视人的作用,强调上下“同欲”、“相得”、“人和”才能增强军队凝聚力,有效提高战斗力,最终取得战斗的胜利①。实质上,这就是孙武的朴素唯物主义思想在《孙子兵法》中的反映。

《孙子兵法》中反映的朴素辩证法思想也是大量的。朴素辩证法思想最重要的特点是看到了事物自身所蕴含的对立统一的矛盾现象,同时这种现象不是静止不变的而是发展的、可变的。《孙子兵法》在论兵、用兵思想中,充分地反映了这种朴素的辩证法思想,提出大量的对立统一的矛盾现象。我们可以随意举出孙武在用兵时关于对立统一法则的许多提法,诸如:奇正、虚实、众寡、远近、得失、安危等。比如:

孙武在分析战争问题时,主张要善于从“正反”两个方面去考虑。他力主判断情况要杂于利和害,在《九变篇》中指出高明的将领考虑问题,一定兼顾利与

① 谷兴荣、王星明:《孙子探源:孙子其人及其孙子兵法》,海南出版社 1992 年版,第 272 页。

害两个方面。孙武在《军争篇》中指出善于用兵的人,要掌握因敌而变的办法,从士气上制伏、战胜敌人的办法。

孙武在论说奇和正、虚和实中,主张虚中有实,实中有虚,虚虚实实,变化无穷。在《势篇》中,他认为,用兵之法不是固定不变的,而是在运动中发展变化以至无穷。事物对立统一的矛盾现象,在一定条件下之所以能够相互转化在于人的调动作用。善于用兵者能够通过主观努力加速其转化,从而调动敌人。孙武认为,"能因敌变化而取胜者,谓之神"。将领要能做到根据战争的实际情况而转化对立的两个方面,才能取得战争的胜利。

从孙武所论的奇正、虚实、治乱、胜败、利害、静哗、近远、劳逸、饱饥等关系之中,可以看出孙武的思想里有许许多多朴素的对立统一的辩证法思想。

从对孙武思想的探索中,还可以看出他的思维也是比较系统客观的。从他对事物的性质、法则的论证来看,他的逻辑思维也是比较严谨的,是难能可贵的①。

3.2 《孙子兵法》

3.2.1 《孙子兵法》简介

《孙子兵法》是一部全面、系统的军事著作,是中国优秀传统文化的重要组成部分,被誉为"兵学圣典"。它不仅体现了古代军事思想的精华,也蕴含着博大精深的中国文化。《孙子兵法》诞生至今已有 2500 年历史,历代都有研究。战国法家学说的创始人韩非子说:"境内皆言兵,藏孙吴之书者家有之。"意思是"《孙子兵法》传遍天下,家家都有藏书。"历史上多位名人也对《孙子兵法》赞叹有加。东汉末年的政治家、军事家曹操说:"吾观兵书战策多矣,孙武所著深

① 陶汉章:《孙子兵法概论》,解放军出版社 1989 年版,第 84 - 87 页。

矣!”曹操感叹自己读了这么多兵书,只有孙武的兵法最深刻。唐太宗李世民说:“观诸兵书,无出孙武。”北宋大文豪苏轼说:“古之言兵者,无出于孙子矣。”两位都认为古兵书的精华没有能超出孙子的。中国民主革命的伟大先行者孙中山先生也认为中国的军事哲学是孙子首创的。现代西方杰出的军事思想家利德尔·哈特认为《孙子兵法》“内容之博大,论述之精深,后世无出其右者。”即使两千多年后德国著名军事学家克劳塞维茨的著作,与《孙子兵法》相比,也有很大的时代局限性,而且有一部分已经过时。1996 年,《孙子兵法》被选为世界十部影响最大的著作之一。

《孙子兵法》一共十三篇。但言简意赅,回味无穷,正可谓字字千钧,掷地有声。前三篇讨论的是国家战略;第四至六篇全面总结了作战指挥的野战战略;第七至十二篇探讨的是战术问题;第十三篇将情报工作提升至战略层面。可以看出,这十三篇兵法涵盖了战争的方方面面,既有战前的准备,也有具体战术的使用;既有军事地理的分析,也有间谍的使用。它把用兵中的各个侧面、各个环节,论述得细密而周全。

孙武的兵法十三篇,约草成于齐,入吴后又进行过修改。目前,《孙子兵法》的版本有以下几种:

1972 年临沂银雀山汉墓出土的汉初竹简抄本,应是孙武弟子或是当时人对孙武言行的记录,是现今为止最早的版本。《银雀山汉墓竹简孙子兵法》由银雀山汉墓竹简整理小组整理、文物出版社 1985 年 10 月出版。

《宋本十一家注孙子》影印本,1961 年 8 月由中华书局上海编辑所出版。

《魏武帝注孙子》本,以清孙星衍《平津馆丛书》所收的顾广圻影宋本《孙吴司马法》为底本。

《武经七书》本,1935 年商务印书馆用中华学艺社借照日本静嘉堂所藏皕宋楼影宋抄本影印。

《日本樱田迪校古文孙子兵法》影印本,收录于日本服部千春著、军事科学出版社 1987 年初版的《孙子兵法校解》。

另有西夏文《孙子兵法》、《太平御览》本、《杜氏通典》本等版本。

历代有很多对《孙子兵法》的注释。据不完全统计,古代的注家有一百多家,注本流传下来的有五十余种。曹操的《孙子略解》为《孙子兵法》最早的注释本。

《孙子兵法》这本不朽的军事名著除揭示了人类战争活动的一般规律之外,还包含了极其丰富的政治、外交、经济、哲理、天文、地理等知识。《孙子兵法》不仅在军事科学领域赢得很高的声誉,在其他许多领域里也已经成为人们事业成功的一把智慧的钥匙。

3.2.2 《孙子兵法》的传播

3.2.2.1《孙子兵法》在中国的传播

孙武所著的兵法十三篇,是中国历史上最有影响、流传最广的一部兵书。

历代军事家们都认为,《孙子兵法》是中国古代军事理论思想的基础,是"百代谈兵之祖"。最有影响并代表着古代官方学术权威的《四库全书总目提要》,就把《孙子兵法》称为"兵经"。

自《孙子兵法》问世两千五百多年来,历代有远见的政治家、著名学者、军事家,无不重视这部著作,无不认真学习这部著作,无不赞赏这部著作。它的声誉超过了古代所有兵书,而成为兵家之最。

据历史记载,孙武的兵法十三篇问世不久,就受到人们的普遍重视和推崇。到了战国时代,它的影响日益增大,流传更加广泛。战国时代有名的法家学者韩非子就曾说:"境内皆言兵,藏孙吴之书者家有之。"这就是那个时代人们学习《孙子兵法》、研究《孙子兵法》、运用《孙子兵法》的一个写照。战国是《孙子兵法》广为流传的时期,也是《孙子兵法》研究的初始时期。其思想对当时的兵学理论、诸子学说有不同程度的影响;它不但成为当时军事实践的指导理论,而且在非军事领域也开始对之借鉴、运用。战国时期出现了中国历史上最早的"孙子热"①。

---

① 于汝波:《孙子兵法研究史》,军事科学出版社 2001 年版,第 39 – 42 页。

秦汉是《孙子兵法》的初期校理时期。《孙子兵法》为农民起义提供过理论武器[①]。秦朝末年，为了反秦起义，项羽的叔父项梁就把《孙子兵法》传授给项羽。楚汉战争时期，许多著名谋士和将领，如张良、陈平、韩信等人都非常精通《孙子兵法》。韩信在打败赵兵时所采用的"陷之死地而后生"背水为阵的战法，就是来自《孙子兵法》中的一句话。韩信是当时最善于打胜仗的人，也是最精通《孙子兵法》的人。

到了汉代，人们重视对《孙子兵法》的实际运用。官方把《孙子兵法》作为军官和士兵们的教科书，汉武帝就曾打算把《孙子兵法》教授给少年将军霍去病。大历史学家司马迁说："当时的社会风气，一谈到战争和军旅中的事情，人人都称道《孙子》十三篇。"可见《孙子兵法》在当时的重大影响。到了汉成帝时，为了整理古代兵书，就让著名军事学家任宏来担当此任。任宏的职位是步兵校尉，他对中国古代兵书很有研究。于是，经过他的整理，《孙子兵法》在十三篇之外，还另外增加了近七十篇，图九卷。但是，由于汉代以后不断战乱损失，流传的仅有十三篇，其余都先后亡佚了。1972 年银雀山汉墓又出土了《孙子》佚文若干篇，也就是那六十九篇中的部分内容。这一发现意义十分重大，它证明了《孙子兵法》原为 82 篇，其中也包括十三篇在内。

西汉对兵书进行了三次整理。目前广为流传的三个基本传本系统：《武经七书》本《孙子》和《十一家注孙子》以及银雀山出土汉简《孙子兵法》均源自汉代传本，可见汉代人对《孙子兵法》的流传是有重要贡献的[②]。

魏晋南北朝是《孙子兵法》的早期注解时期，三国时代的著名政治军事家曹操是第一个带头给《孙子兵法》作注解的人。曹操说："吾观兵书战策多矣，孙武所著深矣。"曹操认为，他读过的兵书战策很多，但真正思想深刻、让他心悦诚服的只有《孙子》十三篇。曹操一生大部分时间都在征战，打了许多有名的胜仗，号称深通兵机，用兵如神。他在军事上的成就除了能任贤使能之外，最主要的还在于他是一个精通《孙子兵法》、熟谙韬略的人。曹操的《孙子略解》是孙

① 于汝波：《孙子兵法研究史》，军事科学出版社 2001 年版，第 63 页。

② 于汝波：《孙子兵法研究史》，军事科学出版社 2001 年版，第 64 页。

子研究的里程碑,为后人的研究和运用奠定了基石。

与曹操同时代的另一位伟大政治军事家诸葛亮也是精通《孙子兵法》、善于运用《孙子兵法》的人。他曾对自己的部下将领们说:“战争中的一切计谋都离不开孙武的学说,再没有比他的学说更深远博大的了。”诸葛亮也盛赞过孙子的高超计谋。诸葛亮之所以能辅佐刘备取得很多成就,从他制订的一系列战略战术来看,也都证明他是一位深得孙子学说精髓的人。

魏晋南北朝时期继承和发展了《孙子兵法》的某些思想,并将其广泛运用于军事实践中①。

经过这些著名军事家和政治家们的赞誉推崇,《孙子兵法》的影响进一步扩大。中国几乎历朝历代都有人给《孙子兵法》做注解。中国古代著名的注家有沈友、孟氏、杜牧、陈皞、纪燮、肖吉、贾林、梅尧臣、何廷锡、张预、郑有贤、谣衍翁,刘寅、赵本学、李费、汪洪、朱骸、孙星衍、毕以殉等。

隋唐五代时期是《孙子兵法》注解的高峰时期,内容、形式均有创新。《孙子兵法》在唐代开始传入国外。而且,在指导实践方面,这一时期也颇多建树②。

唐太宗李世民就是一位深通《孙子兵法》而且武略过人的皇帝。他与唐初著名军事家李靖经常讨论《孙子兵法》,他赞赏说:“观诸兵书,无出孙武。”他们两人讨论《孙子兵法》的内容都收录在《唐李卫公问对》这部兵书里。这部兵书是对孙武军事思想的继承和发扬,处处都有对《孙子兵法》的征引和赞扬,特别对孙武的“奇正”思想有很深的认识和见解。

宋元时期的《孙子兵法》研究,上承三国隋唐冷兵器时代孙子研究之传统,下开明、清冷热兵器并用时代研究之先河,是孙子研究史上一个极为重要的阶段。宋代《孙子兵法》研究成果甚多,编校刊行《武经》本《孙子兵法》和《十家孙子会注》是其对孙子研究做出的重大贡献。从宋人对《孙子兵法》研究的情况看,其在孙子文献研究方面有突出成就;对《孙子兵法》自身军事思想探讨也多

---

① 于汝波:《孙子兵法研究史》,军事科学出版社 2001 年版,第 74 页。

② 于汝波:《孙子兵法研究史》,军事科学出版社 2001 年版,第 92 页。

有发明；在《孙子兵法》的推广普及上亦颇见成效①。宋代，由于仁宗、神宗年间的国势衰竭，西夏和辽不断骚扰边境，外患不止，为了巩固边防，专门设立了“武学”来培养军事人才。官方为此组织大批人力修订编撰古代兵书。经过整理编订，最终确立以《孙子兵法》为首的七部兵书为钦定教材，传授给将士们，并成为习武的人必读之书。“武举”考试，也以是否精通《武经七书》为录取标准。而《孙子兵法》被官方正式列为《武经七书》之首。从此，《孙子兵法》被看成是我国古代军事著作的“冠冕”，并被以后的历代王朝所沿用。元代虽然立国时间短，但在运用《孙子兵法》指导战争实践方面，是中国历史上最为辉煌的朝代之一。

随着明朝卫所军制的确立，卫所武学的创立和发展，作为中国古代军事文化精髓的孙子思想进入了一个新的发展阶段。明代的《孙子兵法》研究，与前代有许多不同之处，其最突出的特点是由前代的偏重注字解词变为以疏解阐发孙子思想为主，出现了一大批讲解阐发孙子军事思想的著作和论文②。

与中国历代其他王朝相比，明代史书记载及存世的明代兵书数量最多，门类最全，是中国古代兵学发展的第二个高潮期。其中《孙子兵法》研究亦颇具特色，并在当时兵学研究中占主导地位。明代将《孙子兵法》作为军事学校的主导教材，不仅促进了军事教育事业的发展，而且也使《孙子兵法》学说得到了普及和推广，在继承《孙子兵法》思想的基础上有了一些新的发展。明代武官兼学者茅无仪说：“前孙子者，孙子不遗；后孙子者，不能遗孙子。”明确了这部兵书在兵学史上的地位。到了清朝，“武经默经不出孙吴二种”。可见，《孙子兵法》对古代军事思想的影响之大，人们对它的评价之高。总的看，明代有一支很强的研究《孙子兵法》的队伍，形成了多个学者群；有丰富多样的研究成果；有比较正规的军事教育与考试制度；注重运用《孙子兵法》思想等军事理论；形成了独具特色的军队建设理论、积极防卫的国防（含海防）战略以及灵活多变的作战指导原

① 于汝波：《孙子兵法研究史》，军事科学出版社2001年版，第112页。
② 于汝波：《孙子兵法研究史》，军事科学出版社2001年版，第133页。

则，从而丰富了中国传统军事文化，发展了前人的军事思想①。

孙子兵学在清代经历了一个重要发展时期。其传统的理论体系再一次得到完善，并随即开始了它的解体过程。清代孙子研究在进入晚清之后，由于近代西方兵学的冲击，出现了一个明显的休眠时期②。

20世纪三四十年代《孙子兵法》在与西方近代军事思想的碰撞中获得新的生机，不论对《孙子》义理的阐发，注释形式的变化，还是实际的应用，都有别于以往历代，标志着中国古代孙子研究的终结和孙子研究新时代的开始，成为《孙子兵法》研究史上一个极为重要的转折时期③。在近现代一系列革命战争中，《孙子兵法》受到了极大的重视。伟大的革命先行者孙中山先生认为中国的军事哲学源自《孙子兵法》。中国人民的革命领袖毛泽东就是一位伟大的政治家和军事家，他曾多次引用《孙子兵法》中的警句，并给其以很高的评价。毛泽东不但自己研究《孙子兵法》，还倡导整个解放区学习。毛泽东把注释兵法的任务交给郭化若，并提出了具体意见。郭化若依据毛泽东的这一思想，对孙子的哲学思想进行了深入研究。他在1939年为延安抗日战争研究会所做的报告提纲（即《孙子兵法之初步研究》）中，从七个方面系统地概括了《孙子兵法》的哲学思想。郭化若这篇文章，以其唯物论的观点和科学的研究方法，将孙子哲学思想的研究推向了一个新的阶段，为以后的孙子研究打下良好的基础，特别是对新中国成立后的《孙子兵法》研究产生了重大的影响。他因此成为历史上第一位以马克思主义理论研究《孙子兵法》的学者，奠定了他在孙子研究领域学科带头人的地位。《孙子兵法》哲学思想的提出不仅深化了孙子研究的内容，扩大了研究的领域，而且从根本上揭示了《孙子兵法》绵延两千多年常用不衰的“千古之谜”④。共产党领导下的人民军队之所以能够赢得全国性胜利，就在于对中国优秀的军事思想遗产的应用，建立了一整套适应中国革命战争各个历史阶段

---

① 于汝波：《孙子兵法研究史》，军事科学出版社2001年版，第133页。

② 于汝波：《孙子兵法研究史》，军事科学出版社2001年版，第155页。

③ 于汝波：《孙子兵法研究史》，军事科学出版社2001年版，第177页。

④ 于汝波：《孙子兵法研究史》，军事科学出版社2001年版，第186－187页。

具体情况的正确战略战术思想。《孙子兵法》在抗战中被广泛应用,验证了孙子军事思想在现代战争中的指导价值,因而在社会上得到充分的宣传和普及,并把这一研究推向了一个新的阶段。民国间丰硕的研究成果和《孙子兵法》外文译本的出版,为《孙子兵法》研究注入了活力,也为孙子学的建立奠定了基础。

新中国成立以来,《孙子兵法》研究取得丰硕成果。这一时期成为《孙子兵法》研究历史上最有成就的时期,《孙子兵法》得到了空前普及。作为中国优秀传统文化的部分——"孙子学"已经形成,其影响所及遍布全球,在世界范围内出现了"孙子热"。与此相适应的《孙子兵法》研究组织也相继成立,国际性学术会议不断召开,有关《孙子兵法》的图书、影视、戏剧等,层出不穷。《孙子兵法》出现了历史上从未有过的空前普及的局面①。

在现代社会中,随着各领域里的竞争愈演愈烈,《孙子兵法》的研究与运用,已经被扩展到了军事以外的政治、经济、外交、商业、体育等领域。《孙子兵法》的影响早已超出了军界,辐射到了其他许多领域。早在清代,一位名叫徐大椿的著名中医就把孙武的学说用于他的从医实践中,并总结出了自己的主要经验。他说:用药如用兵,"孙子之十三篇,治病之法尽之矣!"日本的一位学者北村佳逸说:"只要把握了孙子的精髓,不但在战争上有必胜的希望,而且在棒球进退,行市输赢,选举运动,以至夫妇争执之中也能稳操胜券。"由此可见,孙武的十三篇所蕴含智慧如此博大、深厚,令人们热情推崇和敬仰于它。

3.2.2.2《孙子兵法》在国外的传播

随着人们对《孙子兵法》十三篇价值和思想的不断深入认识,这一中国最早、最宝贵的兵书,日益受到全世界的重视。《孙子兵法》被西方的许多战略思想家看作是不朽的学说、兵学中的经典。因此,《孙子兵法》在国外的传播也越来越广泛,影响也越来越大。

《孙子兵法》在国外流传和影响最早、最深远的,当首推日本。日本和我国是一衣带水的邻邦,又同属于儒家文化圈,传统文化极为接近,文化交流与往来

---

① 于汝波:《孙子兵法研究史》,军事科学出版社 2001 年版,第 192、199 页。

源远流长。唐开元年间,日本的留学生吉备真备将《孙子兵法》带回到日本。从此,《孙子兵法》便越出了国界。吉备真备在唐朝留学17年,拜赵玄默为老师。他好学钻研,不但精通儒家经典,而且还熟谙兵法,尤其对《孙子》十三篇很有研究。回国后,他把《孙子兵法》传授给日本的军人和学者。

自《孙子兵法》传入日本后,日本人一直把它视为"稀世珍宝",日本的所有军事典籍都征引过《孙子》十三篇的文字。日本人把孙武称为"东方兵圣",认为他的兵法十三篇是兵之框要。公元17世纪时,日本研究《孙子》的著作不下170本。日本著名武将武田信玄将"其疾如风,其徐如林,侵掠如火,不动如山"的最后一个字组合成"风林火山",并将其绣在军旗上,以振奋军威,因此经常打胜仗。武田信玄不但敬仰《孙子》十三篇,由他本人撰写的日本著名兵书《甲阳军鉴》,其核心内容就是"周密"和"慎重",这两点也恰恰是孙武军事思想的精髓。

战国时代以后,《孙子兵法》在日本的影响和流传更深入广泛,孙武也成为日本人所崇拜的"武圣人",他的十三篇被看成是"兵学圣典"、"世界第一兵家名书"。许多明君贤将都能灵活运用《孙子兵法》去打胜仗。如日本的八幡太郎曾向太江匡秀学习《孙子兵法》,并将其应用到军事实践中。日俄战争中,联合海军总司令东乡平八郎曾大败俄国海军。战争结束后,他曾用两句话概括他战胜俄军的道理,这两句话就是《孙子兵法》中的"以佚待劳,以饱待饥"。

日本学术界也非常重视对《孙子兵法》的研究。日本著名学者阿多俊介在他的《孙子之新研究》自序中写道:"其书在今日,无论任何人,莫不称为万古不易的真理;又其头脑的精密,思想的远大,令人叹息不止,而有令人不及古人之感。"日本学者推崇孙子、研究孙子者,历代以来数不胜数。战后,随着日本人将《孙子兵法》用于企业管理、商业经营,《孙子兵法》的研究又进入了一个更广阔、更深入的历史时期,研究成果层出不穷,影响和流传的范围也越来越大。

公元15世纪,兵法也传到与中国接壤的朝鲜(李成桂王朝)。

在沙皇统治时代,《孙子兵法》传播到了俄国。有人说1860年,俄国的著名汉学家斯莱兹奈夫斯基就把《孙子兵法》翻译成了俄文。人们十分重视学习和研究《孙子兵法》。原苏联学者评价《孙子兵法》说:“公元前 5 世纪末中国的统帅孙子所写的《孙子兵法》一书,正是当时军事理论思想的发展已达到很高水平的一个证明。”有的原苏联学者还认为:“军事科学的萌芽在远古时代即已产生,……实际上排在最前列的应当是古代中国。”还认为:《孙子兵法》的朴素唯物主义世界观和自发的辩证法思想,已经达到了当时最高的理论水平。

俄译本之后,德、意、捷、越、希伯来等各种文本相继问世。在西方,《孙子兵法》传入较日本晚,到 18 世纪后半叶,才开始有人正式翻译出版《孙子兵法》。把《孙子兵法》传播到欧洲去的是一位叫约瑟夫 · 阿米奥的法国神父,他于 1772 年首先将《孙子兵法》翻译成法文在巴黎出版,书名被改为《中国的军事艺术》。这部书在当时流传很广,影响很大,开启了《孙子兵法》在西方传播的历程。此书受到拿破仑的青睐,据说拿破仑在戎马倥偬中经常阅读《孙子兵法》,大约用的就是这个法译本。

这部法译本出版后不久,就有不少人发表文章,盛赞它的深刻与博大。它还深受当时法国统治阶层的重视。直到 1972 年,法国巴黎出版了从英文转译的法文新版《孙子兵法》后,才取代了这部古老的旧译本。

第一个把《孙子兵法》译成英文的是英国人卡托普。这本书最早在日本东京出版,为讲英语的国家和地区提供了不少学习方便,但翻译的质量不高,错误较多。随后又有一名叫贾尔斯的英国汉学家重新翻译了《孙子兵法》,并于 1910 年在伦敦出版,这是当时最好的译本。有学者统计,20 世纪以来,仅英语世界,便出现过七个英译本。

1910 年德国人布鲁诺 · 纳瓦纳用德文译注《孙子兵法》,命名为《中国之武经》。之后,欧洲和美洲各国也都相继译出了《孙子兵法》。据说,目前世界各国都有了《孙子兵法》的译本。

《孙子兵法》传入西方后,对西方的军事学术产生了很大影响。著名的德国军事学家克劳塞维茨的军事名著《战争论》就继承了孙子的许多思想。

第二次世界大战后,许多国家的著名军事家与杰出的学者都越来越推崇《孙子兵法》。俄国著名学者 E. A. 拉津教授将孙武与亚里士多德相媲美。与此同时,翻译和出版有关孙子的书纷纷问世。美国准将格里菲斯出版了《孙子兵法》新译本①。

朝鲜战争结束后,美国朝野开始普遍重视对《孙子兵法》的研究。美国军事出版社早在1944年就出版过《孙子兵法》,1953年再版印刷。到了1983年,美国国会出版社又再度出版《孙子兵法》。美国是再版其英译本最早也是美洲翻译出版最多的国家。21世纪初,就出版了19种相关图书。有美国准将格里菲斯翻译出版的英译本、美籍英国著名作家詹姆斯·克拉维尔编辑的《孙子兵法》新译本等,促进了《孙子兵法》在西方的传播。

美国人特别喜欢研究孙武的战略思想。美国国防大学战略研究所所长约翰·柯林斯称赞孙子是古代第一个形成战略思想的伟大人物,孙子十三篇可与2200年后克劳塞维茨的著作媲美。

美国斯坦福研究所战略研究中心领导人福斯特向国防部及国务院提交一项"对苏新战略",这个新战略是美国人同日本人一同提出来的,日本的三好修教授把它叫作"孙子的核战略"。而且还根据《孙子兵法》制定了许多适应各军种的新战术。在美国这个世界大国中,无论是政治家还是军事家,都非常重视研究和运用《孙子兵法》。美国是一流的世界大国,对小国越南用兵十几年,伤亡了大批官兵,消耗了巨大财富,也没有把越南制服,反而使国内政治动荡不安,经济困难重重,遭到国际舆论的谴责。在越南指挥作战的美军司令威斯特摩兰将军曾提出了一个建议给美国国防部,并引用了《孙子兵法》中的"夫兵久而国利者,未之有也",极力主张撤军。美国政府最后迫于国内政治、经济、人民意愿的巨大压力,只好退出越南。美国在越南的失败完全应验了孙子的话。

美国多任总统研读并应用过《孙子兵法》。

美国第31任总统胡佛,收集了包括《孙子兵法》在内的很多中国典籍的珍稀版本。

美国第32任总统罗斯福非常喜欢读《孙子兵法》。在第二次世界大战中,

① 孙武:《孙子兵法:汉英对照》,袁士槟译,外语教学与研究出版社1997年版,第7页。

他常用《孙子兵法》原理来指导战争实践，他的这一举动，深深影响到了美国军界。1964 年，美国一位将军在书中称《孙子兵法》是“世界五部优秀的兵学代表作之一”。

美国第 37 任总统尼克松在《真正的战争》一书中多次运用孙子的思想。

美国第 39 任总统卡特也曾将孙子的思想运用到实践中。

美国第 40 任总统里根曾在西点军校的毕业典礼上引用《孙子兵法》中的名言。

美国第 41 任总统老布什也是《孙子兵法》的崇拜者之一，他熟读《孙子兵法》并能背诵如流。据说海湾战争期间，布什总统桌上曾放了两部书，一是《恺撒传》，另一部就是《孙子兵法》。不仅如此，总统还要求在海湾前线的部属认真阅读和研究此书。驻海湾的美国海军陆战队官兵争读《孙子兵法》，在沙漠的帐篷里，或在待命的军舰上，他们展开了对《孙子兵法》的热烈讨论。海军陆战队司令阿尔弗雷德·格雷将军说：“《孙子兵法》和现代化武器同样缺一不可。”

美国第 42 任美国总统克林顿认为，《孙子兵法》是政治家和企业家都可以学习的老师，可以获得指导的教典。

美国前国务卿基辛格从孙武和毛泽东探寻中国战略思维模式。他评价说，《孙子兵法》在今天依然是一部军事思想经典。《孙子兵法》的世界性传播有着重大的现实意义。基辛格称赞说，孙子在西方还获得了另一个头衔——近代商业管理大师。

《孙子兵法》在北美洲的加拿大传播甚广。加拿大学者安乐哲翻译了《孙子兵法》、《孙膑兵法》等。

《孙子兵法》的影响也扩展到大洋洲。澳大利亚国立大学闵福德出版了《孙子兵法》英译本。目前，在悉尼大学历史系、汉学系有一批孙子研究学者。

目前，南美国家学习应用《孙子兵法》正在持续升温，各种版本都非常流行。

非洲国家的军人对《孙子兵法》研究最多，尤其是总统。南非前总统曼德拉特别喜爱读《孙子兵法》。刚果（金）两任卡比拉总统都曾在中国军校学过《孙子兵法》和毛泽东军事思想。津巴布韦、厄立特里亚、纳米比亚和科摩罗总统也都很崇拜孙子。另外,很多非洲国家的军人在中国学习《孙子兵法》,推动了孙子文化在非洲的传播。

总之,孙武所著兵法十三篇,虽说是兵书,但由于其思想深刻、涵盖面广,已获得普遍认同。无论是在古代中国,还是在当今世界,都享有崇高的声誉。众多的不同语言文字的《孙子兵法》译本带动了全球孙子文化热。在世界上,还没有哪一部兵书能像《孙子兵法》那样有如此经久不衰的影响和生命力。其影响所至,已远远超出军事,变成指导经济、政治、文化、外交、体育乃至人生的各个方面的不朽经典。

第四章 《孙子兵法》中的文化翻译

数千年来，中华民族创造了光辉灿烂、博大精深的中国文化。在中西文化交流日益频繁的今天，世界越来越渴望了解中国和中国文化，中国也越来越意识到文化“走出去”的重要性和必要性，那么如何有效地译介中国文化、传播中国好声音成为亟待解决的问题。

作为中国“兵学圣典”的《孙子兵法》，其译介已有一千多年的历史，被翻译成四十余种语言，自 1905 年第一个英译本问世开始，国内外已出版《孙子兵法》的英译专著二百余种(部)，其影响所及遍布世界。不仅其博大精深的军事思想对全世界有深远的影响，其中蕴含的中国优秀传统文化也随之传播到全世界。在中西文化交流日益频繁、中国日益彰显文化软实力的今天，怎么处理书中的中国文化专有项，更好地传播中国文化成为亟待解决的问题。在此，笔者借鉴奈达的文化分类法，把《孙子兵法》中所蕴含的中国文化划分为：生态文化、物质文化、社会文化、宗教文化和语言文化，并选取较为流传的五个英译本：格里菲斯(Samuel Griffith)译本、贾尔斯(Lionel Giles)译本、袁士槟译本、林戊荪译本和罗志野译本，就如何处理文化差异、保留中国文化特色问题对五个译本里各类中国文化专有项的英译进行分析和比较，以探讨中国文化的英译策略。

4.1 生态文化英译

生态文化包括自然条件、地理环境、气候条件等。山河、动植物的名字和地名以及它们的联想意义都可以归为生态文化类。因为不同区域的生态文化不同，有时甚至同一个词在不同的文化中也有不同的内涵。以下笔者将就中国气象文化、中国地理文化、中国动物文化和中国植物文化的英译进行探讨。

4.1.1 气象文化英译

地理位置的不同，导致了气候的差异，而气候的差异造成即使是同一词汇在中西文化中的联想意义也常常截然不同。例如，春和夏在中西文化中有着不同的含义。因为，西欧的夏季只有20度左右，相当于中国春天的温度。这一点我们也可以从莎士比亚的诗句中得到印证："Shall I compare thee to a summer's day? Thou art more lovely and more temperate"①。莎士比亚将可爱("lovely")、温柔("temperate")的姑娘比作夏天("summer's day")。在英语文化中，夏天因其和暖的温度含有"可爱"和"温柔"的意思，所以莎士比亚才用夏天来比喻美丽的姑娘。而在汉语文化中，夏天通常意味着"火热"和"热情"，因为中国的夏天很炎热，并不像春天的气温那么令人舒适。"春"在汉语中通常蕴含着"生机"、"活力"和"希望"的含义，给人以活泼、美丽的印象。因为在中国，尤其是北方，寒冷的冬天过后，天气变暖，万物复苏，小草发芽，花儿盛开，满眼尽是生机盎然的绿色。所以，《红楼梦》中曹雪芹形容王熙凤"粉面含春威不露，丹唇未启笑先闻"，形容女人的美丽用的是"春"而非莎士比亚所用的"summer"(夏)。杨宪益夫妇用"springtime charm"来形容王熙凤的美，这对汉语读者来说是很容易理解的，但却会使英语读者产生误解。因为在英语中与汉语中的"春"有类似

---

① 孙大雨:《英诗选译集》，上海外语教育出版社1999年版，第121页。

含义的词是“summer”。不同的地理环境造就了不同的气候条件。英国的夏天不像中国的夏天那般炎热。也正因为如此，霍克斯和闵福德才把“粉面含春”翻译为“the ever-smiling summer face”，采用了归化的方法。因此，尽管“春”在英语里的对应词是“spring”，却因为不同的生态文化，有着不同的内涵。

《孙子兵法》中也出现了很多中国气象文化专有词汇。例如：

（1）时者，天之燥也；日者，月在箕、壁、翼、轸也。凡此四宿者，风起之日也。（《孙子兵法·火攻篇》）

A. ‘Times’ means when the weather is scorching hot; ‘days’ means when the moon is in Sagittarius, Alpharatz, *I*, or *Chen* constellations, for these are days of rising winds. (Samuel Griffith)

Footnote: Sun Hsing-yen has emended the original text in accordance with the TT and YL, but the original seems better and I follow it, I cannot place the *I* and *Chen* constellations.

B. The proper season is when the weather is very dry; the special days are those when the moon is in the constellations of the Sieve, the Wall, the Wing or the Cross-bar;

[These are, respectively, the 7th, 14th, 27th, and 28th of the Twenty-eight Stellar Mansions, corresponding roughly to Sagittarius, Pegasus, Crater and Corvus.]

for these four are all days of rising wind. (Lionel Giles)

C. ‘Times’ means when the weather is scorching hot; ‘day’ means the moon is in Sagittarius, Alpheratz, I, or Zhen constellations, for these are days of rising winds. (袁士槟)

D. There are appropriate weather and appropriate days to start a fire. Dry weather is the best for using fire attacks and the days when the moon passes through the constellations of the Winnowing Basket, the Wall, the Wings and the Chariot Platform are the best for launching a fire attack because those are generally the days when the winds rise.（林戊荪）

E. The suitable season for a fire attack is when the weather is dry; the suitable days for setting fire are when the moon is in the position of the constellations of the *Sieve*, the *Wall*, the *Wing* or the *Cross-bar*. For, when the moon is in those positions, strong winds will rise.

Footnote: The *Sieve*, the *Wall*, the *Wing* or the *Cross-bar* are four of twenty-eight constellations in ancient astronomy of China.（罗志野）

此例中的“天”即“天气”，五个译本统一把“天”译为“weather”。另外，此例中出现了中国古代天文学中星宿的名称。在中国古代天文学中，“箕”、“壁”、“翼”、“轸”是二十八星宿里的四个。古代人民用二十八星宿中每象每宿的出没和到达中天的时刻来判定季节。11 月 23 日—12 月 7 日是箕宿，2 月 19 日—3 月 5 日是壁宿，8 月 12 日—8 月 22 日是翼宿，8 月 23 日—8 月 26 日是轸宿，在英文中分别对应“Sagittarius”、“Pegasus”、“Crater”和“Corvus”。原文讨论了发动火攻的合适天气，孙武认为在月球行经这四个星宿时是风起的日子。贾尔斯采用了异化的方法，保留了中国传统星象文化，而且他随后还详细解释了这四个星宿，并给出了其对应的英文词汇，利于译文读者了解中国古代星象文化。罗志野的译文增加了脚注进行说明，而且还用斜体来强调这四个词，以引起译文读者对星象文化专有词汇的注意。林戊荪的译文虽与贾尔斯和罗志野不同，却也是采用了异化的方法，而且三位译者为了帮助译文读者理解，都增加了“constellation”（星座）一词进行解释说明。格里菲斯和袁士槟与其他三位译者不同，他们在四个字的翻译上用了两种翻译方法：“箕” 和“壁”用了归化法、“翼”和“轸”用了音译法。并且，格里菲斯还用脚注对自己此处的翻译进行了解释，坦言自己并不理解“翼”、“轸”只是照搬原文而已。

（2）一曰道，二曰天，三曰地，四曰将，五曰法。（《孙子兵法·计篇》）

A. The first of these factors is moral influence; the second, weather; the third, terrain; the fourth, command; and the fifth, doctrine.（Samuel Griffith）

B. These are:（1）The Moral Law;（2）Heaven;（3）Earth;（4）The Commander; (5) Method and discipline.

[It appears from what follows that Sun Tzu means by "Moral Law" a principle of harmony, not unlike the Tao of Lao Tzu in its moral aspect. One might be tempted to render it by "morale", were it not considered as an attribute of the ruler in ss. 13.] (Lionel Giles)

C. The first of these factors is politics; the second, weather; the third, terrain; the fourth, the commander; the fifth, doctrine. (袁士槟)

D. The first is the way; the second, heaven; the third, earth; the fourth, command; and the fifth, rules and regulations. (林戊荪)

E. The five factors are as follows: the first is *way*; the second, *heaven*; the third, *earth*; the fourth, *generals* or *commanders*, and the fifth, *law*. (罗志野)

与上例五个译本对"天"的一致理解不同,此例中的翻译出现了分歧。格里菲斯和袁士槟译为"weather",其他三位译者译为"heaven"。"天"是中华文化信仰体系的一个核心,狭义仅指与地相对的天;广泛意义上的天,即道、大自然、天然宇宙。《现代汉语词典》①(2002)中"天"有10个含义:(1)天空;(2)位置在顶部的或上面的;(3)一昼夜二十四小时的时间,有时专指白天;(4)一天里的某一段时间;(5)季节;(6)天气;(7)天然的、天生的;(8)自然;(9)迷信的人指自然界的主宰者;(10)迷信的人指神佛仙人所住的地方。可见,"天"在英语中可对应为"sky"、"heaven"、"day"、"season"、"nature"、"weather"、"God"等词。富含中国文化的"天"给译者带来了不小的困难。由下文"天者,阴阳、寒暑、时制也"可以看出孙武在此讨论的"天"的定义,即昼夜、晴雨、寒冷、炎热等气候季节的变化,而不是"heaven"(天堂、上帝)所表达的抽象意义。可见,格里菲斯、袁士槟把"天"译为"weather"更为确切。此外,贾尔斯还在随后的注解中解释了原文中的"道"与老子的"道"并不相同,利于译文读者更深入细致地理解孙武的军事思想。

---

① 《现代汉语词典》,商务印书馆2002年版,第1242页。

(3)天者,阴阳、寒暑、时制也。(《孙子兵法·计篇》)

A. By weather I mean the interaction of natural forces; the effects of winter's cold and summer's heat and the conduct of military operations in accordance with the seasons.

Footnote: It is clear that the character *t'ien* (天)(Heaven) is used in this verse in the sense of 'weather', as it is today. (Samuel Griffith)

B. HEAVEN signifies night and day, cold and heat, times and seasons.

[The commentators, I think, make an unnecessary mystery of two words here. Meng Shih refers to "the hard and the soft, waxing and waning" of Heaven. Wang His, however, may be right in saying that what is meant is "the general economy of Heaven", including the five elements, the four seasons, wind and clouds, and other phenomena.] (Lionel Giles)

C. Weather signifies night and day, cold and heat, fine days and rain, and change of seasons. (袁士槟)

D. By heaven, I mean the effects of night and day, of good and bad weather, of winter's cold and summer's heat; in short, the conduct of military operations in accordance with the changes of natural forces. (林戊荪)

E. What is the heaven? The heaven means day and night, cold and heat, and the sequence of the seasons. (罗志野)

原文中有四个富含中国气象文化的词汇:"天"、"阴阳"、"寒暑"、"时制"。其中,"天"的翻译与上例相同,格里菲斯特意在脚注中说明"天"在此的意义是"weather"。"阴阳"也是富含中国文化的一个概念。阴阳存在于中国传统文化的方方面面,包括宗教、哲学、历法、中医、书法、建筑堪舆、占卜等。阴阳,代表一切事物的最基本对立关系。它是自然界的客观规律。春秋战国时的"阴阳"概念有两种意义,第一种意义是指两种基本的物质之气,阴阳的变化即天象、气候、物候等自然现象的变化。第二种意义是指相互对立的两种基本属性,或属性相反的两类事物,或一个事物中属性相反的两个方面。如大小、上下、左右、东西、南北、进退、动静、强弱、雌雄等。可见,“阴阳”的概念极其广泛,翻译时必须确定其在文中的含义。此处,“阴阳”指昼夜、晴雨、晦明等时令、天气条件。除格里菲斯译本外,四个译本都译出了“昼夜”(night and day/day and night)的含义,而袁士槟和林戊荪的翻译更为全面,不仅有昼夜,还有晴雨(fine days and rain/good and bad weather)。此外,贾尔斯还给出了注家们对“阴阳”的不同理解,帮助译文读者更好地理解原文。“寒暑”指冷暖等气温的变化情况。此处五个译本的差别不大,译为“(winter's) cold and (summer's) heat”。“时制”指季节时令的更替。除林戊荪译本外,其他四个译本大致相同,都用到了“seasons”一词。只有林戊荪译本将其译为一整句话,翻译为汉语即为:“总之,军事行动应依照自然力量的变化。”虽然向读者传达了原文所暗含的意思,却未能传递“时制”的含义。

再看一个关于“阴阳”的例子。

(4)难知如阴,动如雷震。(《孙子兵法·军争篇》)

A. As unfathomable as the clouds, move like a thunderbolt. (Samuel Griffith)

B. Let your plans be dark and impenetrable as night, and when you move, fall like a thunderbolt.

[Tu Yu quotes a saying of T`ai Kung which has passed into a proverb: "You cannot shut your ears to the thunder or your eyes to the lighting—so rapid are they." Likewise, an attack should be made so quickly that it cannot be parried.] (Lionel Giles)

C. When hiding, be as unfathomable as things behind the cloud; when moving, fall like a thunderbolt. (袁士槟)

D. It is as though hidden behind an overcast sky; and when it strikes, it can be as sudden as a thunderbolt. (林戊荪)

E. You should be as inscrutable as something behind the clouds, and you should strike as suddenly as thunderclap. (罗志野)

此例是孙武用天气现象来比喻军队的行动:军队隐蔽时如乌云蔽日,大军出动时如雷霆万钧。贾尔斯在随后的注解中解释了此句的内涵意义，利于译文读者理解原文含义。富含中国文化的“阴”的含义之丰富给翻译带来了不小的困难。五位译者对此有着不同的理解。贾尔斯将其理解为“night”（夜晚），林戊荪理解为“overcast sky”（阴天）。格里菲斯、袁士槟和罗志野都用了“cloud”（云），译为“（behind）the cloud（s）”（云后），与林戊荪的翻译虽有不同，但他们所理解的含义大致相同，与原文的含义也最为接近。

4.1.2 地理文化英译

中西方由于处于不同的地理位置和生活环境，因此形成的地理文化也不同。地域不同必然造成不同的民族对同一现象或事物采用不同的语言形式表达，这也给翻译造成了障碍。例如，长城、泰山、黄河、五台山、少林寺等地理名词都已形成固定的文化内涵。汉语中有“不到长城非好汉”、“泰山压顶之势”等表达方式，并将岳父称作“泰山”，将黄河称为“母亲河”。五台山因其为佛教圣地，有着丰富的宗教内涵，而少林寺则成了中国武术的代名词。但对不了解中国地理文化的外国读者来说，泰山、五台山可能仅仅只是一座山的名字，黄河也仅仅是一条河的名字，背后的文化内涵他们则无法领略到。地理文化专有项在中国文化、文学典籍中俯拾皆是。例如，《红楼梦》第四十八回中出现的“得陇望蜀”，“得陇望蜀”源自《后汉书·岑彭传》：“人苦不知足，既平陇，复望蜀。”意思是岑彭夺去了陇地之后，又企图占领蜀地，后用来比喻人之贪得无厌。“陇”和“蜀”是古郡名，分别位于今甘肃省和四川省。杨宪益、戴乃迭译本将其译为“The more you get, the more you want!”霍克斯、闵福德译本将其译为“one conquest breeds appetite for another”。两个译本都舍弃了这两个地名，采用了意译的方法。较之杨译本，霍译本虽然没有翻译出这两个地名，但保留了这个成语的故事。虽说英语读者可以接受，但舍弃两个反映中国地理文化的词，难免觉得遗憾，为使英语读者感受到其中的特殊韵味和浓郁的中国情趣，可以采取直译加注的译法。对这些富含中国文化的地理文化专有项进行解释，如此，便可做到传递原文意思的同时弘扬中国文化。韦利在翻译《论语·八佾》中“孰谓鄹人之子知礼呼?”时的处理方法便值得提倡。因为孔子每次去太庙,总是问东问西的,因此有人就说“谁说孔子知道‘礼’啊?”殊不知这是正是知礼的表现,展现了孔子对周礼的尊重和虚心向人请教的品格。鄹,古邑名,是孔子故里,在今中国山东省曲阜市东南。这里的“鄹人之子”指孔子,暗含不敬之意。韦利在译文中直译为“this son of a villager from Tsou”,采取音译的方法翻译了地名“鄹”,并通过脚注(A village with which Confucius's family had been connected)对“鄹”进行了补充说明。

中国地理文化在《孙子兵法》中也有很多体现。例如:

(1)凡军好高而恶下,贵阳而贱阴……丘陵堤防,必处其阳而右背之。(《孙子兵法·行军篇》)

A. An army prefers high ground to low; esteems sunlight and dislikes shade… When near mounds, foothills, dikes or embankments, you must take position on the sunny side and rest your right and rear on them. (Samuel Griffith)

B. All armies prefer high ground to low

["High Ground", says Mei Yao-Ch'in, "is not only more agreement and salubrious, but more convenient from a military point of view; low ground is not only damp and unhealthy, but also disadvantageous for fighting."]

and sunny places to dark…When you come to a hill or a bank, occupy the sunny side, with the slope on your right rear. (Lionel Giles)

C. In battle, all armies prefer high ground to low and sunny places to shady… When you come to hills, dikes or embankments, you must take a position on the sunny side. (袁士槟)

D. Generally speaking, a maneuvering army prefers high, dry ground to low, wet ground; it prizes the sunny side and shuns the shady side…When encountering hills, embankments and dikes, the army must be positioned on the sunny side with the main flank backed against the slope. (林戊荪)

E. All commanders prefer to station their troops on high ground rather than on low land, in the sunlight rather than in the shade…If you find hills or dikes, you should station your troops on the sunnyside, with the hills or dikes at your back. (罗志野)

此例中孙武论述了军队驻扎地的选择,此句意为:"军队总是喜欢驻扎在干燥的高地,而尽量避开潮湿低洼的地方;注重向阳的地方,而避开阴暗潮湿的地方……在丘陵堤防行军,必须占领它向阳的一面,并把主要侧翼背靠着它。""阴阳"不仅可以指昼夜、晴雨、晦明等时令、天气条件,还可以指地理位置。此处的"阳"和"阴"分别指对着太阳的南面和阳光照不到另一面。五个译本虽表达方法有所不同,但都译出了其内涵,选择了"sunny"(阳光充足的)、"sunlight"(阳光)、"shade"(阴暗)、"shady"(阴暗的)等词。此外,贾尔斯还翻译了梅尧臣对"好高而恶下"的注解,利于译文读者对原文的理解。

(2)故善出奇者,无穷如天地,不竭如江河。(《孙子兵法·势篇》)

A. Now the resources of those skilled in the use of extraordinary forces are as infinite as the heavens and earth; as inexhaustible as the flow of the great rivers. (Samuel Griffith)

Footnote: Sun Tzu uses the characters *chiang* (江) and *ho* (河), which I have rendered 'the great rivers'.

B. Indirect tactics, efficiently applied, are inexhaustible as Heaven and Earth, unending as the flow of rivers and streams. (Lionel Giles)

C. Now the resources of those skilled in the use of extraordinary forces are all infinite as the heaven and earth, as inexhaustible as the flows of the great rivers. (袁士槟)

D. The resourcefulness of those skilled in the use of qi is as unexhaustible as heaven and earth and as unending as the flow of rivers. (林戊荪)

E. He who is adept in such tactics can apply them in ways as infinite as heaven and earth and as the neverending flow of rivers. (罗志野)

原句意为:"善于出奇制胜的人,他的妙法是丰富多彩、层出不穷的,就像天地万物的变化无穷，就像江河流水的奔腾不息。”孙武用“江河”来比喻军事计谋。贾尔斯把“江河”译为“rivers and streams”，没有完全表达出这两个字的含义，而且“stream”通常指潺潺的小河，远没有江河奔流不息的气势。另外，“江河”一词在中国先秦时代的意义与现代汉语并不相同，中国先秦时代的“江”是指长江，“河”指黄河，两个词分别指两条不同的河流。因此四个译本都用“river”进行概括，是不确切的。但格里菲斯和袁士槟译本“great”一词的添加更好地表达了江河的磅礴气势。不仅如此，格里菲斯在脚注中还给出了对应的汉字和汉语拼音，虽然没有详细解释“江”和“河”的具体意义，但对于译文读者的理解仍是有益的。

关于“河”一词的意思，从《论语》英译中也看出“河”即黄河的含义。

子曰：“……河不出图，吾已矣夫！”（《论语·子罕》）

…the Yellow River does not yield up its magical chart. All is lost with me. (Roger Ames & Henry Rosemont, Jr.)

此处，安乐哲和罗思文就正确地翻译为“the Yellow River”。

（3）凡地有绝涧、天井、天牢、天罗、天陷、天隙，必亟去之，勿近也。（《孙子兵法·行军篇》）

A. Where there are precipitous torrents, 'Heavenly Wells', 'Heavenly Prisons', 'Heavenly Nets', 'Heavenly Traps', and 'Heavenly Cracks', you must march speedily away from them. Do not approach them.

Ts'ao Ts'ao: Raging waters in deep mountains are 'precipitous torrents'. A place surrounded by heights with low-lying ground in the centre is called a 'Heavenly Well'. When you pass through mountains and the terrain resembles a covered cage it is a 'Heavenly Prison'. Places where troops can be entrapped and cut off are called 'Heavenly Nets'. Where the land is sunken, it is a 'Heavenly Trap'. Where mountain gorges are narrow and where the road is sunken for several tens of feet, this is a 'Heavenly Crack'. (Samuel Griffith)

B. Country in which there are precipitous cliffs with torrents running between, deep natural hollows,

[The latter defined as "places enclosed on every side by steep banks, with pools of water at the bottom."]

confined places,

[Defined as "natural pens or prisons" or "places surrounded by precipices on three sides—easy to get into, but hard to get out of."]

tangled thickets,

[Defined as "places covered with such dense undergrowth that spears cannot be used."]

quagmires

[Defined as "low-lying places, so heavy with mud as to be impassable for chariots and horsemen."]

and crevasses,

[Defined by Mei Yao-ch`en as "a narrow difficult way between beetling cliffs." Tu Mu's note is "ground covered with trees and rocks, and intersected by numerous ravines and pitfalls." This is very vague, but Chia Lin explains it clearly enough as a defile or narrow pass, and Chang Yu takes much the same view. On the whole, the weight of the commentators certainly inclines to the rendering "defile." But the ordinary meaning of the Chinese in one place is "a crack or fissure" and the fact that the meaning of the Chinese elsewhere in the sentence indicates something in the nature of a defile, make me think that Sun Tzu is here speaking of crevasses.]

should be left with all possible speed and not approached. (Lionel Giles)

C. Where there are precipitous torrents such as 'heavenly wells', 'heavenly prisons', 'heavenly nets', 'heavenly traps' and 'heavenly cracks'—you must march speedily away from them. Do not approach them. (袁士槟)

D. When you encounter steep river gorges, deep shafts, boxed-in recesses, tangled undergrowth, treacherous quagmires or dangerous crevasses, move away with haste. If possible, do not approach them. (林戊荪)

E. When you encounter these dangerous situations, never approach them but avert them quickly: a deep ravine with a violent torrent; a deep gully with dangerous cliffs around; a hemmed-in position as perilous as a prison where it is easy to enter it but difficult to get out; a position which is overgrown with grass and thickets; a low-lying marshy land and a narrow pass between two precipitous mountains. (罗志野)

《孙子兵法》提及了很多地理文化专有词汇。如,《行军篇》中的"绝涧"、"天井"、"天罗"、"天陷"、"天隙",都表示易守难攻、易进难出的要害之地。"绝涧"指溪谷深峻、水流其间的险恶地形;"天井"指四周高峻、中间低洼的地形;"天牢"指如牢狱般的高山环绕、易进难出的地形;"天罗"指草深林密、荆棘丛生、军队进入后有如深陷罗网无法摆脱的地形;"天陷"指地势低洼、道路泥泞、车马易陷的地带;"天隙"指两山相向、涧道狭窄险恶的地形。这些词汇在英语里没有完全对等的词汇,贾尔斯、林戊荪和罗志野译本运用归化的方法把险峻、狭窄难走之意表达出来,尤其是罗译本解释得尤为详细,也用了比其他译本更多的词,虽利于读者理解,中国的地理文化却也有所损失。格里菲斯和袁士槟译本采用了异化的方法,把"天"统一译为"heavenly",不仅保留了原文的语言美,还把这些地形天然形成的特点传递给译文读者,保留了中国的传统地理文化。而且,格里菲斯还将这些文化专有词汇的首字母大写,以示其文化特殊性。不仅如此,格里菲斯还将曹操的注释也翻译出来,详细解释了每种地形的特点,更加有利于译文读者的理解。贾尔斯也以文外作注的方式详细解释了每种地形的含义,并给出了不同注家和他本人对"天隙"的不同理解。但将注释放在译文中也是有缺点的,容易打断读者的阅读,影响阅读的流畅性。

(4)孙子曰:地形有通者,有挂者,有支者,有隘者,有险者,有远者。(《孙子兵法·地形篇》)

A. Sun Tzu said: Ground may be classified according to its nature as accessible, entrapping, indecisive, constricted, precipitous and distant.

Footnote: Mei Yao-ch'en defines 'accessible' ground as that in which roads meet and cross; 'entrapping' ground as net-like; 'indecisive' ground as that in which one gets locked with the enemy; 'constricted' ground as that in which a valley runs between two mountains; 'precipitous' ground as that in which there are mountains, rivers, foothills and ridges, and 'distant' ground as level. Sun Tzu uses 'distant' to indicated that there is a considerable distance between the camps of the two armies. (Samuel Griffith)

B. Sun Tzu said: We may distinguish six kinds of terrain, to wit: (1) Accessible ground; [Mei Yao-ch`en says: "plentifully provided with roads and means of communications."]

(2) entangling ground;

[The same commentator says: "Net-like country, venturing into which you become entangled."]

(3) temporizing ground;

[Ground which allows you to "stave off" or "delay."]

(4) narrow passes; (5) precipitous heights; (6) positions at a great distance from the enemy.

[It is hardly necessary to point out the faultiness of this classification. A strange lack of logical perception is shown in the Chinaman's unquestioning acceptance of glaring cross- divisions such as the above.] (Lionel Giles)

C. Ground may be classified according to its nature as accessible, entangling, temporising, precipitous, distant, or having narrow passes. (袁士槟)

D. Sunzi said: There are the following six kinds of terrain: *tong* (通)——that which is accessible; *gua* (挂)——that which enmeshes; *zhi* (支)——that which is disadvantageous to both sides; *ai* (隘)——that which is narrow and precipitous; *xian* (险)——that which is hazardous; and *yuan* (远)——that which is distant. (林戊荪)

E. Sun Tzu said: There are different kinds of terrain in nature. Some terrain is easily accessible, some is entrapping, some temporizing, some constricted, some precipitous and some distant. (罗志野)

孙武在《地形篇》中把地形分为六类。"通"指广阔平坦、四通八达的地区;"挂"指前平后险、易入难出的地区;"支"指敌我均可据险对峙、不易于发动进攻的地区;"隘"即狭隘险要之地,这里特指两山之间的峡谷地带;"险"指行动不便的险峻地带;"远"指道路迂回曲折、敌我双方相距甚远的地区。贾尔斯译本用数字清楚地标明了这六种地形。五个译本都用了归化的方法解释出了其含义。格里菲斯译本还在脚注中翻译了梅尧臣的注解,详细解释了每种地形的特点,利于译文读者理解。贾尔斯译本也在随后的注解中解释了前三种地形的特点,但最后他也明确表示自己并不认可此分类法。林戊荪译本用音译和文外作注的方法,加上了汉字和斜体的汉语拼音以示强调,让读者意识到这是中国地理文化专有词汇,传递原文含义的同时也传递了中国文化。另外,罗志野译本采用"some…some…"的句式,运用排比的手法再现了原文的语言美。

(5)孙子曰:用兵之法,有散地,有轻地,有争地,有交地,有衢地,有重地,有圮地,有围地,有死地。(《孙子兵法·九地篇》)

A. Sun Tzu said: In respect to the employment of troops, ground may be classified as dispersive, frontier, key, communicating, focal, serious, difficult, encircled, and death.

Footnote: There is some confusion here. The 'accessible' ground of the preceding chapter is defined in the same terms as 'communicating' ground. (Samuel Griffith)

B. Sun Tzu said: The art of war recognizes nine varieties of ground: (1) Dispersive ground; (2) facile ground; (3) contentious ground; (4) open ground; (5) ground of intersecting highways; (6) serious ground; (7) difficult ground; (8) hemmed-in ground; (9) desperate ground. (Lionel Giles)

C. In respect to the employment of troops, ground may be classified as dispersive, frontier, key, open, focal, serious, difficult, encircled, and desperate. (袁

士槟）

D. Sunzi said：In the art of employing troops，there are nine kinds of regions to consider：dispersive（*san* 散），marginal（*qing* 轻），contested（*zheng* 争），open（*jiao* 交），focal（*qu* 衢），critical（*zhong* 重），difficult（*pi* 圮），beleaguered（*wei* 围）and deadly（*si* 死）.（林戊荪）

E. Sun Tzu said：Ground can be classified into nine geographical positions according to the way of using military operations. They are：*dispersive* ground，*frontier* ground，*contentious* ground，*open* ground，*focal* ground，*serious* ground，*difficult* ground，*encircled* ground and *desperate* ground.（罗志野）

孙武在《九地篇》中根据用兵的原理，把兵要地理分为九类。“散地”指在自己的领地与敌作战的地区。军队在该战区作战，其士卒在危难时很容易逃散，故称散地。“轻地”指进入敌境不深、与敌作战的地区。军队在该地区作战，士卒不愿意离开本土，危急时容易逃回，故称轻地。“争地”指谁先占领就对谁有利的作战地区；“交地”指道路纵横、交通方便、容易与敌遭遇的地区；“衢地”指四通八达的作战地区；“重地”指入敌境已深，越过敌国多座城邑的作战地区；“圮地”指军队行动困难的作战地区；“围地”指进退两难的作战地区；“死地”指非拼死速战难以生存的作战地区。与上例相同，贾尔斯译本用数字清楚地标明了这九种地理。五个译本也都考虑到了原文的排比句式，尽量还原了其语言美。罗志野译本还用斜体重点强调了这九个地理文化专有名词，林戊荪译本更是在每个专有名词后以文内注的方式加上了汉字和汉语拼音，尽力再现中国地理文化。格里菲斯在脚注中提到《九地篇》中的“交地”与前一篇《地形篇》“通者”意思相同，但用词不同，有点混乱。不过，为了尊重原文，他仍然采用了与“通者”（accessible）不同的词汇“communicating”。确实，孙武在这两篇中都说道：“我可以往，彼可以来，曰通。”“我可以往，彼可以来者，为交地。”“通形者，先居高阳，利粮道，以战则利。”四通八达的地形为“通形”，在这种地形条件下，应先占据地高向阳的地带，保持粮道畅通，然后再进行战斗。但关于“交地”，自古就有不同的理解，格里菲斯觉得此处“混乱”也就不难理解了。关于“交地”

的解释，一说见于曹操注《孙子》："道正相交错也。"一说见于顾福棠《孙子集解》："交地者，我与敌连界之地也。连界之地故彼我皆可往来。"春秋战国时诸侯国星罗棋布，借道伐兵之事不绝于书，且往往受阻。因此，孙武提醒道：在交地作战时，要注意不可将行军序列断绝，以防受敌军袭击。要使整个军队如"常山之蛇"，"击其首则尾至，击其尾则首至，击其中则首尾俱至。"①

（6）故善用兵者，譬如率然；率然者，常山之蛇也。（《孙子兵法·九地篇》）

A. Now the troops of those adept in war are used like the 'Simultaneously Responding' snake of Mount Ch'ang.

Footnote: This mountain was anciently known as Mt. Heng. During the reign of the Emperor Wen (Liu Heng) of the Han (179 – 159 B. C.) the name was changed to 'Ch'ang' to avoid the taboo. In all existing works "Heng" was changed to 'Ch'ang'. (Samuel Griffith)

B. The skillful tactician may be likened to the SHUAI-JAN. Now the SHUAI-JAN is a snake that is found in the Ch'ang mountains.

["Shuai-jan" means "suddenly" or "rapidly," and the snake in question was doubtless so called owing to the rapidity of its movements. Through this passage, the term in the Chinese has now come to be used in the sense of "military maneuvers."] (Lionel Giles)

C. Now, the troops of those adept in war are used like the 'simultaneously responding snake' of Mount Ch'ang. （袁士槟）

D. Therefore, those who are skilled in employing troops are like the snake found on Mount Chang. （林戊荪）

E. Those who are skilled in military operations should be as dexterous as the *shuairan*, the snake of Mount Chang. （罗志野）

Footnote: Mount Chang: It was anciently known as Mount Heng.

① 吴如嵩主编：《孙子兵法辞典》，白山出版社 1995 年版，第 23 – 25 页。

此例中出现了中国境内一座山的名字:“常山”。“常山”即恒山,是五岳中的北岳,位于今山西浑源南。西汉时为避汉文帝刘恒之讳,改称“常山”。北周武帝时,重新改称为“恒山”。《孙子兵法》出土于山东临沂银雀山西汉大墓,这个地名的由来也证明了《孙子兵法》确实经过西汉后人的修改。五个译本都采用了音译的方法,译为“Chang/Ch'ang”,而罗译本更是用脚注对其进行了解释,让读者了解到“常山”即“恒山”。而格里菲斯的脚注则更加详细地解释了“常山”的历史来源,使译文读者更好地了解了中国地理文化。

4.1.3 动物文化英译

日常生活中,动物也常被用来描述人或物所具有的一些性格和品质。由于人类思维的相似性,有些动物词汇在英汉两个民族中可能代表相同或相似的意义。但又由于中西方文化背景、思维方式等方面的差异,有些动物在中西方文化中被赋予不同的文化内涵。因此,即使是同一种动物在不同文化中的内涵意义也可能不同,这就给翻译和文化间的顺畅交流造成了障碍。

(一)有些动物词汇的概念意义和内涵意义是大致相同的。例如,猪(pig)在汉语和英语中都有表示懒惰的寓意或代表愚蠢的人。此外,还有狼(wolf)代表凶狠、残忍,鲸鱼(whale)代表巨大,鹰(hawk)代表凶猛,鹅(goose)代表愚蠢,老鼠(rat)代表卑鄙等,这些动物形象都具有相似的含义。

这种情况下,可以保留原文的意象,采用直译的方法。这样既保留了源语言意义,也能保证目标语读者的理解。如,黑马 dark horse,兔唇 hare lip,鸡胸 chicken breast,鸵鸟政策 an ostrich policy,引狼入室 to head a wolf into the house,打草惊蛇 to stir up the grass and alert the snake,在家如狮,在外如鼠 a lion at home, a mouse abroad,像羔羊一样温和 as gentle as a lamb,像云雀一样欢跃 as guy as a lark,像蛤蟆一样丑陋 as ugly as a toad,初生牛犊不怕虎 New-born calves make little of tigers 等。

中国典籍中有很多动物形象,如《论语》中的“割鸡焉用牛刀”、《红楼梦》中的“牛不吃水强按头”,其中的动物“鸡”和“牛”因其在中西方文化中的概念意义和内涵意义相似，都适宜直译为"chicken"和"ox"。

《孙子兵法》中也有很多动物形象。例如：

（1）鸷鸟之疾，至于毁折者，节也。（《孙子兵法·势篇》）

A. When the strike of a hawk breaks the body of its prey, it is because of timing.

Tu Yu: Strike the enemy as swiftly as a falcon strikes its target. It surely breaks the back of its prey for the reason that it awaits the right moment to strike. Its movement is regulated.

Footnote: Or regulation of its distance from the prey. (Samuel Griffith)

B. The quality of decision is like the well-timed swoop of a falcon which enables it to strike and destroy its victim.

[The Chinese here is tricky and a certain key word in the context it is used defies the best efforts of the translator. Tu Mu defines this word as "the measurement or estimation of distance." But this meaning does not quite fit the illustrative simile in ss. 15. Applying this definition to the falcon, it seems to me to denote that instinct of SELF RESTRAINT which keeps the bird from swooping on its quarry until the right moment, together with the power of judging when the right moment has arrived. The analogous quality in soldiers is the highly important one of being able to reserve their fire until the very instant at which it will be most effective. When the "Victory" went into action at Trafalgar at hardly more than drifting pace, she was for several minutes exposed to a storm of shot and shell before replying with a single gun. Nelson coolly waited until he was within close range, when the broadside he brought to bear worked fearful havoc on the enemy's nearest ships.] (Lionel Giles)

C. when the strike of a hawk breaks the body of its prey, it is because of timing. (袁士槟)

D. When falcons strike and destroy their prey, it is because of perfect timing. (林戊荪)

E. A hawk that flies as quickly as it strikes can destroy its prey. It is because of the timeliness and speediness of its strike.（罗志野）

“鸷鸟”是一种凶猛的禽鸟，如鹰、雕、鹫之类。此处孙武用其捕获鸟兽时的迅速搏击以致使猎物躯毁骨折来比喻进攻节奏的短促猛烈。直译为“falcon”（猎鹰）或“hawk”（鹰、隼）都可以传达出原文的含义。格里菲斯还翻译了对此句的注解并在脚注中给出了另一种可能的解释。贾尔斯则附上了杜牧对“节”的注解，以及他自己的解读，还提供了相关战争实例供译文读者参考，利于读者对原文含义的理解。

（2）粟马肉食，军无悬甀，不返其舍者，穷寇也。（《孙子兵法·行军篇》）

A. When the enemy feeds grain to the horses and his men meat and when his troops neither hang up their cooking pots nor return to their shelters, the enemy is desperate.

Wang Hsi: The enemy feeds grain to the horses and the men eat meat in order to increase their strength and powers of endurance. If the army has no cooking pots it will not again eat. If the troops do not go back to their shelters they have no thoughts of home and intend to engage in decisive battle.

Footnote: Chang Yü says that when an army 'burns its boats' and 'smashes its cooking pots' it is at bay and will fight to death. (Samuel Griffith)

B. When an army feeds its horses with grain and kills its cattle for food,

[In the ordinary course of things, the men would be fed on grain and the horses chiefly on grass.]

and when the men do not hang their cooking-pots over the camp-fires, showing that they will not return to their tents, you may know that they are determined to fight to the death.

[I may quote here the illustrative passage from the HOU HAN SHU, ch. 71, given in abbreviated form by the P'EI WEN YUN FU: "The rebel Wang Kuo of Liang was besieging the town of Ch'en- ts'ang, and Huang-fu Sung, who was in supreme command, and Tung Cho were sent out against him. The latter pressed for hasty measures, but Sung turned a deaf ear to his counsel. At last the rebels were utterly worn out, and began to throw down their weapons of their own accord. Sung was not advancing to the attack, but Cho said: 'It is a principle of war not to pursue desperate men and not to press a retreating host.' Sung answered: 'That does not apply here. What I am about to attack is a jaded army, not a retreating host; with disciplined troops I am falling on a disorganized multitude, not a band of desperate men.' Thereupon he advances to the attack unsupported by his colleague, and routed the enemy, Wang Kuo being slain."] (Lionel Giles)

C. When the enemy feeds grain to the horses and kills its cattle for food, and when his troops neither hang up their cooking pots nor return to their shelters, the enemy is desperate. (袁士槟)

D. When the enemy feeds his horses grain and his men meat and his men put away their cooking pots and show no intention of returning to their camps, the enemy is desperate and is ready to force a breakthrough. (林戊荪)

E. If the enemy feeds his horses with grain, kills beasts of draught as food for the soldiers, destroys his cooking utensils, and shows no intention to return to the camp, that is to say, he has already determined to fight to death. (罗志野)

此句意为:"敌人用粮食喂马,杀牲口食肉,军营中看不见悬挂的炊具,部队不返回营寨,是陷入绝境的表现。"此处孙武提示我们可以通过观察敌军的不同行动来推测其真实情况。"马"在中西方文化中的概念意义和内涵意义是大致相同的,宜直译为"horse"。同前例一样,格里菲斯翻译了对此句的注解并用脚注进行说明,贾尔斯则引用了《后汉书》中的战争实例,以帮助译文读者理解。

(3)若驱群羊,驱而往,驱而来,莫知所之。(《孙子兵法·九地篇》)

A. He urges the army on as if driving a flock of sheep, now in one direction, now in another, and none knows where he is going.

Footnote: Neither his own troops nor the enemy can fathom his ultimate design.

(Samuel Griffith)

B. Like a shepherd driving a flock of sheep, he drives his men this way and that, and nothing knows whither he is going.

[Tu Mu says: "The army is only cognizant of orders to advance or retreat; it is ignorant of the ulterior ends of attacking and conquering."] (Lionel Giles)

C. He drives his men now in one direction, then in another, like a shepherd driving a flock of sheep, and no one knows where he is going. (袁士槟)

D. Like a shepherd driving his flock of sheep, he leads his men here and there with no one knowing where they are heading. (林戊荪)

E. He drives his soldiers here and there as freely as he does a flock of sheep without anyone knowing where he will go. (罗志野)

原文意为:"指挥军队作战,要像驱赶羊群一样,赶过去,赶过来,使他们谁也不知道要到哪里去。"以此来比喻指挥军队作战要神出鬼没,让战士和敌军都无法得知真实目的地。"羊"在中西方文化中的概念意义和内涵意义是大致相同的,因此,五个译本都直译为"sheep"。格里菲斯译本则在脚注中解释了这一比喻,贾尔斯则翻译了杜牧的注解,益于译文读者的理解。

(4)后如脱兔,敌不及拒。(《孙子兵法·九地篇》)

A. When the enemy gives you an opening be swift as a hare and he will be unable to withstand you. (Samuel Griffith)

B. Afterwards emulate the rapidity of a running hare, and it will be too late for the enemy to oppose you.

[As the hare is noted for its extreme timidity, the comparison hardly appears felicitous. But of course Sun Tzu was thinking only of its speed. The words have been taken to mean: You must flee from the enemy as quickly as an escaping hare; but this is rightly rejected by Tu Mu.] (Lionel Giles)

C. Be swift as a hare and he will be unable to withstand you. (袁士槟)

D. Move as swiftly as a scurrying rabbit and the enemy will find it is too late to put up a resistance.（林戊荪）

E. Attack him as swiftly as a running hare. This will make the enemy unable to resist you.（罗志野）

此句意为:“之后要像奔跑的兔子一般迅捷,使敌人来不及抵抗。”以“兔”来比喻军队行动的迅速。“兔”在中西方文化中的概念意义和内涵意义是大致相同的,虽然五位译者有译为“hare”(野兔),有译为“rabbit”(兔)的,但都不影响原文含义的传达。贾尔斯随后解释了此句的含义,并提及自己对此句的不同理解。

(二)由于中西文化背景的不同,一些动物词汇尽管概念意义相同,但内涵意义却不同,甚至截然相反。

例如,“狗”在汉语里多为贬义,有如“狗腿子”、“狗拿耗子”、“狗血喷头”、“狗屁不通”、“人模狗样”、“猪朋狗友”、“狼心狗肺”、“蝇营狗苟”、“狗咬吕洞宾”等表达方式。在西方文化中,“狗”却被视为人类忠实的朋友,深受喜爱,因此经常用其比作人,所以有“top dog”(当权者)、“lucky dog”(幸运儿)、“like a dog with two tails”(非常高兴)、“A good dog deserves a good bone”(立功者受奖)等表达方式。

再如,“蟋蟀”在汉语中的形象总是凄凉忧伤的。这一点可以从古人的诗词中得到印证。例如,杜牧的《寝夜》:“蛩唱如烟波,更深似水寒。”岳飞的《小重山》:“昨夜寒蛩不住鸣,惊回千里梦,已三更。”都表达了诗人凄凉忧伤的心境。但在英美文化中,蟋蟀(cricket)则成了“快乐”的象征,狄更斯在《炉台上的蟋蟀》(*A Cricket on the Hearth*)中塑造了一个“充满希望和鼓励”“慰藉心灵”的小仙灵。济慈有诗 *On the Grasshopper and Cricket*,描述了炉边蟋蟀的尖声吟唱在寂寞冬夜给诗人带来的暖意。还有如“as merry as a cricket”(像蟋蟀一样快活)这样的表达。

“蝙蝠”在中文中因为发音与“遍福”相同,因此多表示幸福、吉利的意思,而在西方,“蝙蝠”则是可怕的动物,很多吸血鬼的形象都是蝙蝠,因此它有古怪和反常等含义。如,“as blind as a bat”(有眼无珠)、“crazy as a bat”(像蝙蝠一样疯）、“he’s a bit batty”（他有点反常）、“have bats in the belfry”（发痴，异想天开）等。

“鹤”在汉文化中是长寿的象征，而且“鹤”总是与松树联系起来，意为健康、长寿，在很多中国画和艺术品中，总是能看到“松鹤延年”的形象。但是，英语中却没有这样的内涵意义。

中国还有一些动物被赋予了特殊的文化含义，如“四灵”。据《礼记·礼运》记载，“麟”、“凤”、“龟”、“龙”为“四灵”。“麟体信厚，凤知治乱，龟兆吉凶，龙能变化，故谓之四灵。”“四灵”是中国四大神兽，寓意吉祥、美好，在英语文化中并没有对应的词汇。“麟”，乃麒麟。古人把麒麟当作仁兽、瑞兽，能保佑家族香火旺盛。如果译为“unicorn”，则会显得不妥。因为，英文中“unicorn”的意思为独角兽。独角兽外形不同于麒麟，而且两者的文化内涵也不同。因此，直接采用音译的方法更能将麒麟所蕴含的独特的民族文化表现出来，并得以在英语世界传播。

“凤”指凤凰，“四灵”之一。《山海经》描述了它的形象：“有鸟焉，其状如鸡，五采而文，名曰凤凰。有鸟焉，其状如翟，而五彩文，名曰鸾鸟，见则天下安宁。”据《说文解字》记载，“凤，神鸟也。”在汉文化中是一种吉祥的鸟，是中国古代传说中的百鸟之王，俗称“百鸟朝凤”，在中华文化中的地位仅次于龙。中国文化典籍中，有大量关于凤鸟高尚品格的描写。如，《山海经》：“凤鸟首文曰德，翼文曰顺，膺文曰仁，背文曰义，见则天下和。”《诗经·大雅·卷阿》中也有关于凤凰的描述。凤凰的出现是大德的表现，传说舜和周文王时都曾出现凤，预示着时代的兴盛、事业的成功。凤是人们心目中的瑞鸟，常用来象征祥瑞。它与龙一起构成了龙凤文化。如同龙是封建帝王的象征一样，凤也成为后妃的符瑞，如帝后戴“凤冠”，居“凤楼”。中国女性的名字中常可见“凤”字，《红楼梦》中的王熙凤便是一例。而英语中的“phoenix”则没有中国传统文化中凤凰的内涵，虽然也表示美好的意思，但更强调了其重生、复活的一面。传说凤鸟每活五百年便衔木自焚，又从灰烬中再生，因此“phoenix”又被称为“不死鸟”、“长生鸟”，象征了“重生”、“复活”。不仅如此，它还代表了美好的事物，甚至是爱情。

因此,“phoenix”和凤凰的内涵意义并不相同。正因为考虑到中西文化的差异,在霍克斯和闵福德翻译的《红楼梦》中对“王熙凤”中的“凤”一字采用了音译的方法,译为“Feng”。而在《论语·子罕》中的“凤鸟不至”英译中,韦利虽将“凤鸟”直译为“phoenix”,却也通过脚注(“magical bird”)的方式将凤鸟在中国文化的寓意予以补充。安乐哲和罗思文也以文内明示的方式将寓意在译文中体现,译为“auspicious phoenix”,用“auspicious”(吉祥的)来形容“凤鸟”,以弥补直译所造成的文化内涵的缺失。

“龟”,在汉文化中是长寿的象征,而在英语文化中,龟仅仅是一种爬得很慢的爬行动物而已。

作为四灵之一的“龙”是中华民族最具代表性的传统文化意象之一。《说文解字》将“龙”描述为:“龙,鳞虫之长,能幽能明,能细能巨,能短能长,春分而登天,秋分而潜渊。”“龙”的形象在中国古典文学中经常出现,如在《三国演义》中,罗贯中通过曹操之口,概述了“龙”的特点:“龙能大能小,能升能隐;大则兴云吐雾,小则隐介藏形;升则飞腾于宇宙之间,隐则潜伏于波涛之内。方今春深,龙乘时变。”清代袁枚则在《子不语》中写到“雷雨晦冥,龙来哀号,声若牛吼。”此外,“龙”还与帝王崇拜结合在一起,中国古代帝王把自己说成是龙神的化身或龙神之子,或把自己说成是受龙神保护的人,借助龙树立权威,获得人们普遍的信任和支持。因此,中国古代的帝王会穿“龙服”,乘“龙辇”,“龙”象征至高无上的权利。在中国,“龙”是一种图腾,是权利和幸运的象征。中国人也是“龙的传人”。中国大多数民族都崇拜龙,带有“龙”字的地名、物名、人名遍布全国各地,还有元宵节舞龙、二月二龙抬头、端午节赛龙舟等节日习俗。但是,西方文化中,“龙”只是只会喷火的怪物而已,是邪恶的象征。《红楼梦》中的“凤翥龙翔”,杨宪益、戴乃迭夫妇就分别将两种动物译为“phoenix”和“dragon”,不免引起目的语读者的误解。霍克斯、闵福德版本则删去了龙的意象,替换凤的意象为“simurgh”。“simurgh”是古代波斯神话中的一种妖怪,由不同动物的各部分肢体组成,形似大鸟,虽然两者形似,但其内涵与“凤”美好的意象完全相反。《红楼梦》中还有“一龙九种,种种各别”、“龙蛇混杂”等有关“龙”的表达。“一龙九种”来源于中国神话传说，是说龙有九个儿子，都不成龙，且每个都长得不一样，后被用来比喻人们的性格、爱好、习惯等各不相同。杨宪益、戴乃迭译为“A dragon begets nine offspring, each one different.”霍克斯、闵福德译为“there are nine kinds of dragon and no two kinds are alike.”两个译本都将“龙”译为“dragon”。句中的“种”在汉语里有两个不同的意思。一个是“子孙”的意思，另一个是“种类”的意思。显然，“一龙九种”的“种”是“子孙”的意思，而“种种有别”中的“种”则是“种类”的意思。杨宪益、戴乃迭的理解正确。而霍克斯、闵福德将两个“种”都译为“kind”，将“一龙九种”译为“nine kinds of dragon”（九种龙），显然是对此成语的误解。“龙蛇混杂”也是汉语成语，意为好人和坏人混杂在一起。杨宪益、戴乃迭译本采取直译的方法，译为“snakes mixed up with dragons”，与前面所说的“there were low types too（下流人物在内）”相结合，也能让人理解。霍译本则用了西方读者较熟悉的“wheat”（小麦）和“chaff”（糠）分别来代替“龙”和“蛇”，舍弃了这两种动物的形象。其实，为避免误解，今天我们更倾向于用“loong”来替代“dragon”。像中国功夫巨星李小龙，被译为“Lee Hsien Loong”。同样，2008 年奥运会，尽管“龙”的呼声很高，依然没有采用“龙”作为吉祥物，也是出于这方面的考虑。

翻译这样独具中国特色文化的词汇时通常用置换法、意译、文内明示、文外作注等。置换法是将目标语文化词汇替代源语言文化词汇。如：拦路虎 a lion in the way，以“lion”（狮）替代“虎”的形象；猫哭耗子 shed crocodile tears，以“crocodile”（鳄鱼）替代“猫”的形象；胆小如鼠 as timid as a hare，以“hare”（兔）替代“鼠”的形象；快乐得像只百灵鸟 as happy as a cow，以“cow”（奶牛）替代“百灵鸟”的形象。还可以采用意译的方法，即完全舍弃动物形象，只翻译出其对应的意思。例如，在汉语中“龙”和“虎”常连用为成语，如龙潭虎穴、虎略龙韬、人中龙虎、龙威虎振、如龙似虎、蟠龙踞虎等。因为，这两种动物在英语中没有相应的“威猛、权威、豪杰”等内涵意义，因此译成英语时可采用意译的方法，只翻译出其内涵意义即可。再如，“山中无老虎，猴子称大王”可以译为“Among the blind the one-eyed is the king.”另外，如《红楼梦》中的“虎视眈眈”，杨宪益、戴乃迭夫妇就根据具体语境译为"jealous"(嫉妒的)。当然,置换法和意译也有其不足之处,即不利于英语读者了解中国文化,因此,还可以文内明示或文外作注的方法进行翻译。

《孙子兵法》中也有具有中国特色的动物形象,比如:

(1)故善用兵者,譬如率然;率然者,常山之蛇也。(《孙子兵法·九地篇》)

A. Now the troops of those adept in war are used like the 'Simultaneously Responding' snake of Mount Ch'ang.

Footnote: This mountain was anciently known as Mt. Heng. During the reign of the Emperor Wen (Liu Heng) of the Han (179 – 159 B. C.) the name was changed to 'Ch'ang' to avoid the taboo. In all existing works "Heng" was changed to 'Ch'ang'. (Samuel Griffith)

B. The skillful tactician may be likened to the SHUAI-JAN. Now the SHUAI-JAN is a snake that is found in the Ch'ang mountains.

["Shuai-jan" means "suddenly" or "rapidly," and the snake in question was doubtless so called owing to the rapidity of its movements. Through this passage, the term in the Chinese has now come to be used in the sense of "military maneuvers."] (Lionel Giles)

C. Now, the troops of those adept in war are used like the "Simultaneously Responding Snake" of Mount Ch'ang. (袁士槟)

D. Therefore, those who are skilled in employing troops are like the snake found on Mount Chang. (林戊荪)

E. Those who are skilled in military operations should be as dexterous as the *shuairan*, the snake of Mount Chang. (罗志野)

此例中提到一种独具中国文化特色的动物:"率然",孙武用其比喻善于用兵的将领能够指挥军队首尾呼应。"率然"是古代传说中的一种蛇。《神异经·西荒经》中记载:"西方山中有蛇,头尾差大,有色五彩。人、物触之者,中头则尾至,中尾则头至,中腰则头尾并至,名曰率然。"三国时期的曹植在《魏德论》中也提到“率然”:“惟我圣后,神武盖天,威光佐扫,辰彗北弯,首尾争击,气齐率然。”虽然率然是一种蛇,却是独具中国神话特色的蛇,在西方文化中并无此动物。因此,林戊荪译本直译为“snake”不免欠妥。格里菲斯和袁士槟的翻译类似,都采用文内明示的方法,译为“Simultaneously Responding” snake /“Simultaneously Responding Snake”(同时回应的蛇),译出了率然的特点,利于读者理解。贾尔斯译本和罗志野译本则采用音译的策略,分别译为“SHUAI-JAN”和“*shuairan*”,其中贾尔斯译本是月罗马拼音进行音译,而罗志野译本使用的是汉语拼音,并且用斜体以示其为中国文化专有词汇,彰显了其文化特殊性,贾尔斯还以文外作注的方式解释了“率然”的内涵意义为“突然”或“快速”、此蛇得名的由来以及其现代意义,利于中国动物文化的传递。

4.1.4 植物文化英译

不同的生态环境造就了中西方不同的植物文化。一些植物的概念意义和内涵意义大体一致,但一些植物的内涵意义在中西方文化中则有所不同。

(一)一些植物词汇在中英文中联想意义大致相同或相似,这时可以采取直译或直译后添加注释的方式翻译以保留原文形象。如:酸葡萄 sour grapes、像两颗豆一样相像 as like as two peas、伸出橄榄枝 hold out the olive branch、大棒加胡萝卜政策 a stick-and-carrot policy。有些花在中西文化中也有相似的内涵。如,玫瑰在中英文中都是美好爱情的象征,玫瑰的花语是“爱情”,是爱情的代名词。所以,诗人罗伯特·彭斯在名诗 *A Red, Red Rose* 中把他的爱人比作玫瑰。《红楼梦》中把尤三姐称为“玫瑰花儿”,“又红又香,无人不爱的,只是刺戳手”。这时就可以选择直译的方法,译为“Rose”,以把尤三姐如玫瑰花般娇艳,但脾气却如玫瑰花刺一般“扎手”的特点传递出来。

《孙子兵法》中也出现了植物词汇,例如:

(1)军旁有险阻、潢井、葭苇、林木、翳荟者……(《孙子兵法·行军篇》)

A. When on the flanks of the army there are dangerous defiles or ponds covered with aquatic grasses where reeds and rushes grow, or forested mountains with dense tangled undergrowth… (Samuel Griffith)

B. If in the neighborhood of your camp there should be any hilly country, ponds surrounded by aquatic grass, hollow basins filled with reeds, or woods with thick undergrowth…(Lionel Giles)

C. When, on the flanks of the army, there are dangerous defiles or ponds covered with aquatic grasses where reeds and rushes grow, or forested mountains with dense tangled undergrowth…(袁士槟)

D. Be on guard if the army is marching past precipitous ravines, marshes, reeds and rushes, forested hills and thick undergrowth. (林戊荪)

E. If you find near your camp dangerous defiles, lowlying land overgrown with reeds, or forested mountains with dense tangled undergrowth… (罗志野)

"葭苇"即芦苇,这里泛指生长在水边的草类。因为在中西方文化中的概念意义和内涵意义相同,五个译本都译为"reed",不同的是格里菲斯译本、贾尔斯译本和袁士槟译本以文内明示的方法增加了"aquatic grass"(水生草)进行解释。此外,格里菲斯译本、袁士槟译本和林戊荪译本还增加了与芦苇同属水生草类的"rush"(灯芯草),以帮助读者更好地理解原文。

(二)同一种植物在中西文化中也可能有不同的内涵意义。例如,中国传统文化中的"四君子"——"梅"、"兰"、"竹"、"菊",在汉语中被赋予不同的美好的内涵意义,而西方文化中则没有这样的特殊含义。

"梅花"有"花魁"的美誉,因其严冬盛开这种不畏严寒不惧逆境的精神,有诗句"宝剑锋从磨砺出,梅花香自苦寒来"来喻义要想拥有珍贵品质或美好才华等是需要不断的努力、修炼、克服一定的困难才能达到的。

"兰花"被称为君子之花,人们习惯于把比较神圣的事情与"兰"联系起来,比如说"金兰之交",比喻朋友间的同心合意、生死与共。另外,"兰花"还经常用以形容品行高尚、有才德的人。《红楼梦》中就形容妙玉"气质美如兰,才华阜比仙",以表明其品格高洁、才华出众。杨宪益和戴乃迭夫妇译为"By nature fair as an orchid, With talents to match an immortal." 霍克斯和闵福德译为"Heaven made you like a flower, With grace and wit to match the gods. "对于"兰"一字,杨宪益和戴乃迭夫妇直译为"orchid",霍克斯和闵福德则仅翻译为"flower",舍弃了"兰花"的意象,也让译文读者失去了领略中国植物文化的机会。

"竹子"常用来比喻人正直、有节操。《礼记》中即以"竹"来比喻人的高尚品质:"其在人也,如竹箭之有筠也。"另外,在比喻新事物迅速大量地涌现的情况时,汉语经常用"竹"的幼芽"笋",即"雨后春笋"来形容。中国地处亚热带,因此有"竹"、"茶"、"芋"、"莲"等亚热带植物,属于温带海洋性气候的英国没有竹子这种植物,因此,翻译时可以用同样具有生长迅速特征的"mushroom"(蘑菇)来进行代替。

"菊花"因其傲霜独立,代表了坚毅、清雅、长寿、君子等特性。中国人偏爱菊花,夏天人们喝菊花茶,秋天饮菊花酒,重阳节时还会赏菊花。中国古代文学作品中也常见对于"菊花"的描写,如"采菊东篱下,悠然见南山";"秋丛绕舍似陶家,遍绕篱边日渐斜。不是花中偏爱菊,此花开尽更无花。"而在西方文化中,"菊花"通常是在葬礼时缅怀逝者时使用的,与汉文化中的内涵截然相反。鉴于此,在《红楼梦》中形容王熙凤"俏丽若三春之桃,清洁若九秋之菊"。"九秋之菊"指深秋的菊花,此处用来形容王熙凤穿着素雅。杨宪益和戴乃迭夫妇直译为"chrysanthemum",保留了菊花清雅的形象。而霍克斯和闵福德为避免译文读者误解直接舍弃了"菊花"的形象,采用了意译的方法。

其他像"牡丹"、"芙蓉"等皆具有各自的文化内涵。"牡丹"被喻为"国色天香",象征着荣华富贵。"芙蓉"代表清雅、爱情,比喻女子的清纯等,如"出水芙蓉"。

此外,还有"桂花"、"桃花"、"莲花"等均具有独特的文化内涵。如,"桂花"因发音同"贵",有富贵、吉祥之意,而西方文化中则没有这层含义,所以《红楼梦》中有"蟾宫折桂"这一习语。"蟾宫折桂"由"蟾宫"和"折桂"二典组合而成。中国古代神话中,"蟾宫"指"月宫","折桂"之"桂"指月宫中的桂树。中国园林配置中有"两桂当庭"、"双桂留芳"的称谓。"蟾宫折桂"用来比喻科举时代应考得中,还有"摘取桂冠"的表达。英语中 "to gain one's laurels"表示赢得荣誉,“laurel crown”表示桂冠,与汉语表达类似。这一成语被霍克斯和闵福德意译为“I wish you every success”(祝你成功),舍弃了“桂”的文化意象,而杨宪益和戴乃迭夫妇则保留了这一文化意象,直译为“osmanthus”(桂花)。

“桃花”的娇美使其常被用来形容女性娇艳的美貌,如,崔护的“去年今日此门中,人面桃花相映红。人面不知何处去,桃花依旧笑春风”和《诗经·国风·周南·桃夭》里用于形容新娘年轻貌美的“桃之夭夭,灼灼其华。之子于归,宜其室家”。汉语中更有“面若桃花”、“桃腮杏眼”、“桃花运”等表达。英文中有“peachy cheeks”类似的表达方法。《红楼梦》中用“三春之桃”来形容王熙凤的美貌,因为阳春三月,桃花吐妍。关于“桃”一字,杨译本和霍译本都采用了直译的方法,分别译为“peach-blossom”、“peach-tree”。

“莲花”因其“出淤泥而不染,濯清涟而不妖”常被用来比喻人高洁的品性,不受俗世之污染,而且其还有宗教内涵。有关佛门的事物多加“莲花”二字,如“莲花国”(西天佛国)、“莲花服”(袈裟)等。“莲台”亦称“莲花台”,即佛像的底座,借指佛门。如果直译为“lotus”,则莲花的形象可以保留,但其宗教含义却无法表达出来,可以用加注释的方法帮助实现文化意象的传递。

与“梅”、“竹”并誉为“岁寒三友”的“青松”在中国文化中被认为是君子以及刚直不阿的品格的象征。因此,“岁寒,然后知松柏之后凋也”用来映射只有在艰苦的逆境中才能看出一个人坚持节操。另外,“松树”四季常青,寿命可逾千年,因此自古以来象征长寿,还有如“松鹤延年”这样的成语。而在西方文化中,“pine”(松树)则没有相似的内涵意义。

“杨柳”在中国植物文化中代表的是相思离别的情感。如《诗经·采薇》中的“昔我往矣,杨柳依依;今我来兮,雨雪霏霏”。另一方面,“柳”因与“留”谐音,古人还有折柳送行的习俗,以示相思离别之意。而在西方文化中,“willow”通常与“死亡”联系在一起,因此,服丧、戴孝可以用“wear the willow”来表示。所以,尽管“柳树”在中西文化中都表示“悲伤”,却也有所差别。

“红豆”在汉语中被称为“相思豆”,是爱情的象征。唐代诗人王维的《相思》:“红豆生南国,春来发几枝,愿君多采撷,此物最相思”就抒发了恋人之间浓浓的深情。但是在西方国家则没有这种豆子,很难将红豆和相思联系起来。因此,“红豆”常被译为“love bean”以表明其文化内涵。

同样,“杏”在汉语中也具有独特的含义。因为“杏”与“幸”谐音,因此象征着幸福、兴旺。三国时有个医生叫董奉,免费给人治病,只求病人痊愈后给他种几棵杏树就可,久而久之,就形成了一片杏林。于是后人就以“杏林俊秀”、“杏林高手”、“誉满杏林”指代那些医术高超的医生。因此,“杏林”就成了中国特有的医学界的代名词。翻译时,必须考虑到中西植物文化的这种差异。

4.2 物质文化英译

物质文化是指人类创造的物质产品及相应的文化。中国悠久的历史文化造就了独特的物质文化,也因此产生了许多物质文化专有项,包括中国特有的器物、服装、食物、住处、建筑等。物质文化与人们所处的气候、地理环境存在密切关系。中国位于大陆东部,毗邻大洋,幅员辽阔,分别跨热带、亚热带、温带和亚寒带等气候带,地形也多种多样,有高原、盆地、平原、丘陵、草原、沙漠等,因而物产极其丰富,特别是长期在大江大河流域生活所形成的以农业为主的农耕文化底蕴深厚,有丰富的物产资源,包括农副产品、生产工具、生活物品等。下面笔者将从器物文化和计量文化两个方面来探讨中国物质文化的英译。

4.2.1 器物文化英译

中国五千年的历史造就了悠久的器物文化。例如,汉文化中的文房四宝——“笔”、“墨”、“纸”、“砚”在英语中没有对应词汇。还有“壶”,一种商代一直沿用到汉代的盛酒器。如果译为“pot”则会引起英文读者的误解,因为在英文中“pot”多为茶壶、咖啡壶等。因此,音译为“hu”更能凸显中国传统文化特色,有利于中国物质文化的传递。

再如,传统“八仙桌”。现今可考的“八仙桌”至少在辽金时代就已经出现,明清盛行,尤其是清代无论是达官显贵还是平头百姓几乎家家都可以寻到八仙桌的影子,甚至成为很多家庭中唯一的大型家具。它是一种桌面较宽的方桌,四边围坐八人。以坐北朝南为尊位,依次分配坐者的上下关系,具有最高的权力象征意义,是中国家族结构的映射。同时"八仙桌"的来历也与道教的"八仙"有关。作为一种文化符号,它具有独特的文化含义,宜于采用注释的方法向读者解释其含义。其他如"四合院"、"箫"、"琵琶"、"唢呐"、"扇子"等具有中国特色的文化词汇均可采取音译、文内明示或文外作注的方法进行翻译。

中国传统文化和文学典籍中有很多有中国特色的器物,如《论语》中的"瑚琏"、《三国演义》中诸葛亮的"羽扇"、《西游记》里孙悟空的"金箍棒"等。《论语》中多次涉及春秋时代的工艺品,如瑚琏、罍、觚、木铎等。瑚、琏是古代宗庙盛放黍稷的祭器。孔子将弟子子贡比作瑚琏,是说子贡对于国家社稷乃是大器,具有治国才能。韦利译为"a sacrificial vase of fade",指出了瑚琏的功能,又脚注了瑚琏的地位——"the highest sort of vessel"(最高级的容器),向读者暗示了其引申意义。安乐哲和罗思文译为"a most precious and Sacred kind of vessel",给瑚琏做了更详细的注解,包括使用的朝代等:"瑚和琏分别是夏、商时代祠堂所用的祭器",有助于西方读者的理解与中国文化的传播。《红楼梦》中贾宝玉所佩戴的"寄名锁"、"护身符"也是极具中国特色的物品,都是用来保佑人健康、消灾祛病的。"寄名锁"是中国古代父母为保佑幼儿长命百岁,让幼儿作僧、道的"寄名"弟子,并在幼儿项下悬挂锁形饰物,谓之"寄名锁"。"护身符"是求自道士的符箓,迷信者相信带在身上可以消灾祛病。两者都是极具中国特色的物品。杨宪益、戴乃迭夫妇和霍克斯、闵福德都采用了意译的方法将"护身符"译为"a lucky charm"。对于"寄名锁"的翻译,杨宪益、戴乃迭译本则增加了"containing his Buddhistic name"(包含他的佛教名字),以文内明示的方法帮助读者认识到"寄名锁"的宗教内涵。

《孙子兵法》中也有很多中国器物文化专有词汇,尤其是军事武器词汇。例如:

(1)凡用兵之法,<u>驰车</u>千驷,<u>革车</u>千乘,带<u>甲</u>十万,千里馈粮,则内外之费,宾

客之用,胶漆之材,车甲之奉,日费千金……(《孙子兵法·作战篇》)

A. Generally, operations of war require one thousand fast four-horse chariots, one thousand four-horse wagons covered in leather, and one hundred thousand mailed troops.

Tu Mu: … In ancient chariot fighting, 'leather-covered chariots' were both light and heavy. The latter were used for carrying halberds, weapons, military equipment, valuables, and uniforms. The *Ssu-ma Fa* said: 'One chariot carries three mailed officers; seventy-two foot troops accompany it. Additionally, there are ten cooks and servants, five men to take care of uniforms, five grooms in charge of fodder, and five men to collect firewood and draw water. Seventy-five men to one light chariot, twenty-five to one baggage wagon, so that taking the two together one hundred men compose a company.'

Footnote: The ratios of combat to administrative troops was thus 3:1.

When provisions are transported for a thousand *li* expenditures at home and in the field, stipends for the entertainment of advisers and visitors, the cost of materials such as glue and lacquer, and of chariots and armour, will amount to one thousand pieces of gold a day.

Li Ch'üan: Now when the army marches abroad, the treasury will be emptied at home.

Tu Mu: In the army there is a ritual of friendly visits from vassal lords. That is why Sun Tzu mentions 'advisers and visitors'.

Footnote: Gold money was coined in Ch'u as early as 400 B. C., but actually Sun Tzu does not use the term 'gold'. He uses a term which meant 'metallic currency'. (Samuel Griffith)

B. In the operations of war, where there are in the field a thousand swift chariots, as many heavy chariots, and a hundred thousand mail-clad soldiers,

[The "swift chariots" were lightly built and, according to Chang Yu, used for the attack; the "heavy chariots" were heavier, and designed for purposes of defense. Li Ch`uan, it is true, says that the latter were light, but this seems hardly probable. It is interesting to note the analogies between early Chinese warfare and that of the Homeric Greeks. In each case, the war- chariot was the important factor, forming as it did the nucleus round which was grouped a certain number of foot-soldiers. With regard to the numbers given here, we are informed that each swift chariot was accompanied by 75 footmen, and each heavy chariot by 25 footmen, so that the whole army would be divided up into a thousand battalions, each consisting of two chariots and a hundred men.]

with provisions enough to carry them a thousand LI,

[2.78 modern LI go to a mile. The length may have varied slightly since Sun Tzu's time.]

the expenditure at home and at the front, including entertainment of guests, small items such as glue and paint, and sums spent on chariots and armor, will reach the total of a thousand ounces of silver per day. (Lionel Giles)

C. In operations of war – when one thousand fast four-horse chariots, one thousand heavy chariots, and one thousand mail-clad soldiers are required; when provisions are transported for a thousand li; when there are expenditures at home and at the front, a stipends for entertainment of envoys and advisers – the cost of materials such as glue and lacquer, and of chariots and armor, will amount to one thousand pieces of golf a day. (袁士槟)

D. Generally, a war operation requires one thousand light chariots, as many heavy chariots and a hundred thousand armoured soldiers with provisions enough to carry them a thousand *li*. What with the expenses at home and in the field, stipends for the entertainment of state guests and diplomatic envoys, the cost of materials such as glue and lacquer (*tr.: for maintenance of equipment*) and sums spent for the maintenance of chariots and armour, the total expenditure will amount to one thousand pieces of gold a day.（林戊荪）

E. When you dispatch troops for a battle, you must consider you will require one thousand swift war chariots, one thousand heavy war chariots and one hundred thousand soldiers. Besides, you will require enough provisions for them to cover a thousand miles. Therefore it will spend one thousand pieces of gold a day for the expenditure both at home and on the front, for the entertainment of advisers and counselors, for the maintenance cost of materials such as glue and lacquer, chariots and armours.（罗志野）

此例中孙武解释了战争所需的花费巨大。句中出现了两种古代战车:“驰车”和“革车”。“驰车”是快速轻便的战车,古代亦称轻车、攻车。对于这种中国古代战车,五个译本译为“fast four-horse chariots”、“swift（war）chariots”、“light chariots”,都翻译出了这种战车的特点:快、轻。不同的是格里菲斯译本和袁士槟译本翻译“驰车”时还增加了“four-horse”(四匹马拉的),给读者提供了更多的细节,有利于读者了解中国古代战车。“革车”也称重车、守车,是专门用来运送粮食、器械,用于后方保障的辎重车。格里菲斯译为“four-horse wagons covered in leather”,并且翻译了注家的注释,详细解释了“驰车”和“革车”的具体情况,如特点、功用等。而其他四位译者则译为“heavy（war）chariot”,直接翻译出了“革车”重的特点。贾尔斯在随后的注解中也详细解释了“驰车”和“革车”,利于译文读者了解这两种中国古代战车。此外,孙武还提到了三种古代军事装备:“甲”、“胶”和“漆”。“带甲”指佩戴盔甲的士兵,是春秋战国时期步兵的统称。“车甲”即车辆、盔甲。“带甲”一词五个译本有不同的译法。罗志野译本直接省略掉了,格里菲斯译本译为“mailed”,贾尔斯译本和袁士槟译本则译为“mail-clad”。“mail”是西方中世纪穿的金属制铠甲、锁子甲,而春秋战国时期所穿的“甲”是皮制的,从战国晚期到东汉,随着铁制兵器的发展,铁铠才逐渐代替皮甲成为主要的防护装备。因此,此处“mailed”和“mail-clad”无法传递出原文的含义。林戊荪译为“armoured”,根据《朗文当代高级英语辞典》①(2004)的解释,虽然“armour”是“(旧时战士在战斗中穿的)金属制或皮制盔甲”的意思,但“armoured”意为:“(车辆)装甲的;(军队)配备装甲车辆的”,“armoured soldiers”指能操作和维修装甲车的装甲兵,显然与原文含义不同。所以,在后面“车甲”一词中五个译本都译为“chariots and armo(u)r”是正确的,但“带甲”一词译为“armoured”则不妥。“胶漆”是制作、保养弓矢器械必备的材料,这里泛指制作维修兵器器械所需的各种材料。贾尔斯直译为“glue and paint”,其余四个译本都译为“glue and lacquer”。“lacquer”意为涂在金属、木材上的漆,比“paint”(油漆、涂料、颜料)更确切。另外,林戊荪译本还用了文内注的方法对“lacquer”的用途进行说明,有利于中国器物文化的传递。

(2)甲胄矢弩,戟楯蔽橹,丘牛大车。(《孙子兵法·作战篇》

A. armour and helmet, arrows and crossbows, lances, hand and body shields, draft animals and supply wagons.

Footnote: Here Sun Tzu uses the specific character for ‘crossbow’. (Samuel Griffith)

B. breast-plates and helmets, bows and arrows, spears and shields, protective mantles, draught-oxen and heavy wagon. (Lionel Giles)

C. armor and helmets, bows and arrows, spears and shields, protective mantlets, draft oxen, and wagon. (袁士槟)

D. armour and helmets, arrows and crossbows, halberds and bucklers, spears and shields, draught oxen and heavy wagons. (林戊荪)

E. armours and helmets, arrows and crossbows, halberds and bucklers, spears and shields, draught oxen and heavy wagons and the like. (罗志野)

作为一部伟大的军事著作,《孙子兵法》中的军事武器和军事装备词汇特别丰富。此例中就出现了八种军事武器或装备。第一种军事装备“甲”即护身的

① 《朗文当代高级英语词典(英英·英汉双解)》,外语教学与研究出版社2004年版,第82页。

铠甲。在上例中,格里菲斯的“mailed”、贾尔斯和袁士槟的“mail-clad”,都未能准确传达出原文的含义。此例中,贾尔斯译为“breast-plates”,其余三个译本译为“armo(u)r”。“breast-plates”是古时士兵打仗时穿的皮制或金属制护胸甲、胸铠。但实际上孙武所处的春秋战国时代,因战事连年不断,攻击性兵器不断改进,防卫装具进一步坚固、完善。甲的制作工艺相当完备,形成了一套比较系统完整的制度。皮甲的防护功能和卫体面积都较前增大,成为战斗中的主要防护装备。不仅有胸甲、背甲、肩甲、肋甲,还有甲裙和甲袖。因此,“breast-plates”一词并不全面。第二种军事装备“胄”即头盔,五个译本统一译为“helmet”。第三种军事武器“矢”即箭镞,五个译本都译为“arrow”。第四种军事武器“弩”是一种带有控制发射机件的弓,可借助腰、足的力量张弓,力强射程远,在当时为杀伤力颇大的新式武器。贾尔斯和袁士槟译为“bow”,格里菲斯、林戊荪和罗志野都译为“crossbow”。“bow”为“弓”,弩比弓的射程更远,杀伤力更强,命中率更高。“crossbow”是英语中“弩”的概念。因此,译为“crossbow”并不十分精准。不过,格里菲斯在脚注中特意注明相较于“crossbow”,孙武用了一个更具体的词汇,更加忠实于原文。“戟楯蔽橹”包含三种军事武器,贾尔斯译本和袁士槟译本一致,林戊荪译本和罗志野译本一致。“戟”是将戈、矛功能合一的古代兵器。格里菲斯译为“lance”,贾尔斯和袁士槟译为“spear”,林戊荪和罗志野译为“halberd”和“spear”。“lance”是长矛,“spear”指的是矛,“halberd”表示戟,而西方的戟是矛和斧的融合体。因此,无论哪一个词都没有准确传达出原文的含义。“楯”和“蔽橹”是不同种类的盾牌。“楯”同“盾”,即盾牌,用于战时防护身体。“蔽橹”是攻城时用作屏蔽的大盾牌。对于这两种盾牌,格里菲斯译为“hand and body shields”,贾尔斯和袁士槟分别译为“shield”和“protective mantles”,林戊荪和罗志野分别译为“buckler”(小圆盾)和“shield”(盾)。从格里菲斯译本中能看出两种盾牌不同的功能,分别是保护手和身体,从林、罗译本中能看出两种盾牌形状和大小的区别。而贾、袁译本对于“蔽橹”的翻译,虽然译出了其功能“protective”(保护的),但“mantle”却是“披风”、“斗篷”、“覆盖物”的意思,翻译并不准确。第八种军事装备“丘牛大车”是牛拉的辎重车辆,除格里菲斯译为

"draft animals and supply wagons",舍弃了具体的"牛"的意象并说明大车的功能外,其余四个译本的译法类似,都是采用直译的译法,译为"draught(-)oxen/draft oxen and (heavy) wagon(s)"。

(3)修橹轒辒,具器械,三月而后成。(《孙子兵法·谋攻篇》)

A. To prepare the shielded wagons and make ready the necessary arms and equipment requires at least three months. (Samuel Griffith)

B. The preparation of mantlets, movable shelters, and various implements of war, will take up three whole months.

[It is not quite clear what the Chinese word, here translated as "mantlets", described. Ts'ao Kung simply defines them as "large shields," but we get a better idea of them from Li Ch'uan, who says they were to protect the heads of those who were assaulting the city walls at close quarters. This seems to suggest a sort of Roman TESTUDO, ready made. Tu Mu says they were wheeled vehicles used in repelling attacks, but this is denied by Ch'en Hao. See supra II. 14. The name is also applied to turrets on city walls. Of the "movable shelters" we get a fairly clear description from several commentators. They were wooden missile-proof structures on four wheels, propelled from within, covered over with raw hides, and used in sieges to convey parties of men to and from the walls, for the purpose of filling up the encircling moat with earth. Tu Mu adds that they are now called "wooden donkeys".] (Lionel Giles)

C. …because to prepare big shields and wagons and make ready the necessary arms and equipment require at least three months. (袁士槟)

D. For it takes at least three months to get the mantlets and shielded vehicles ready and prepare the necessary arms and equipment. (林戊荪)

E. …because it takes about three months to make mantelets and shielded vehicles ready and to prepare the necessary arms and equipment. (罗志野)

此例中有两种军事装备:"橹"和"轒辒"。"橹"即用藤、革等材料制成的大盾牌,用以掩护军队接近城墙。除袁士槟译本外其余三个译本都选择了"mantlet/mantelet"(防弹盾),而春秋战国时期还没有出现枪炮之类的武器,因此,此译法欠妥当,反而不如袁士槟译本的"big shield"恰当。"轒辒"是古代用于攻城的四轮战车,主要作用是运兵和运土填塞城壕。杜牧注:"轒轀,四轮车,排大木为之,上蒙以生牛皮……今所谓木驴是也。"林戊荪、罗志野译本的"shielded vehicle"译出了车被生牛皮所覆盖、保护起来的特点。而袁士槟译本的"wagon"仅指普通的四轮马车而已。格里菲斯译本仅译出了"轒辒"(shielded wagon),不免有失偏颇。贾尔斯译本的"movable shelter"虽译出了其可移动、被遮盖的特点,却忽略了其车的本质。不过,贾尔斯在随后的注解中提到了几位注家对"橹"的不同理解以及"轒辒"的具体含义,利于中国器物文化的传递。

(4)委军而争利,则辎重捐。(《孙子兵法·军争篇》)

A. If he abandons the camp to contend for advantage the stores will be lost.

Tu Mu: If one moves with everything the stores will travel slowly and he will not gain the advantage. If he leaves the heavy baggage behind and press on with the light troops, it is to be feared the baggage would be lost. (Samuel Griffith)

B. On the other hand, to detach a flying column for the purpose involves the sacrifice of its baggage and stores.

[Some of the Chinese text is unintelligible to the Chinese commentators, who paraphrase the sentence. I submit my own rendering without much enthusiasm, being convinced that there is some deep-seated corruption in the text. On the whole, it is clear that Sun Tzu does not approve of a lengthy march being undertaken without supplies. Cf. infra, ss. 11.] (Lionel Giles)

C. If he abandons the camp and all the impediments to contend for advantage the stores will be lost. (袁士槟)

D. If you abandon them, your equipment and supplies will be lost. (林戊荪)

E. If you leave the impedimenta behind, naturally, it will be lost. (罗志野)

"辎重"是以车辆装载、随军行动的军用器械、营具、粮秣、服装等的统称。

此句意为:“全军放下辎重去争利,辎重就会损失。”五个译本虽译法不同,但都译出了其基本含义,用了“baggage”(行李)、“stores”(贮藏)、“equipment”(装备)、“supplies”(补给、供应品)等词,罗志野译为“impedimenta”指军队的行李,更为确切。格里菲斯还翻译了杜牧的注解,以帮助译文读者更好地理解原文。贾尔斯则在随后的注解中表达了他对此句不同的意见。

(5)言不相闻,故为金鼓;视不相见,故为旌旗。(《孙子兵法·军争篇》)

A. As the voice cannot be heard in battle, drums and bells are used. As troops cannot see each other clearly in battle, flags and banners are used. (Samuel Griffith)

B. On the field of battle,

[Implied, though not actually in the Chinese.]

the spoken word does not carry far enough: hence the institution of gongs and drums. Nor can ordinary objects be seen clearly enough: hence the institution of banners and flags. (Lionel Giles)

C. As the voice cannot be heard in battle, drums and gongs are used. As troops cannot see each other clearly in battle, flags and banners are used. (袁士槟)

D. As oral commands cannot be heard in the din of battle, drums and gongs are used; as signal commands cannot be seen in battle, flags and banners are used. (林戊荪)

E. Gongs and drums are used in battle because voices are not heard; banners and flags are used because soldiers cannot see one another clearly. (罗志野)

此句论证了战场上用来统一部队上下试听的两种方法:语言指挥不能听到时用金鼓;动作指挥不能看见时用旌旗。“金鼓”是古代用来指挥军队进退的号令器具,擂鼓进兵,鸣金收兵。金,即钲、铙等金属响器。格里菲斯将“金鼓”译为“drums and bells”,“bell”是钟或铃,与“金”是有区别的。因此,此处译为“bell”欠妥。除格里菲斯外,其余四个译本译法一致,都采用了直译的方法,译为“gongs and drums/ drums and gongs”(铜锣和鼓/鼓和铜锣),还原了原文。

“旌旗”是古代用羽毛装饰的旗帜,是重要的军中指挥号令工具。此处五个译本译法一致,采用直译的方法,将其译为“banners and flags/ flags and banners”(旗帜),传递了原文的中国器物文化。

(6)斗众如斗寡,形名是也。(《孙子兵法·势篇》)

A. And to control many is the same as to control few. This is a matter of formations and signals.

Chang Yü: … Now when masses of troops are employed, certainly they are widely separated, and ears are not able to hear acutely nor eyes to see clearly. Therefore officers and men are ordered to advance or retreat by observing the flags and banners and to move or stop by signals of bells and drums. Thus the valiant shall not advance alone, nor shall the coward flee. (Samuel Griffith)

B. Fighting with a large army under your command is nowise different from fighting with a small one: it is merely a question of instituting signs and signals. (Lionel Giles)

C. And to direct a large force is the same as to direct a few men. ? This is a matter of formations and signals. (袁士槟)

D. There is no difference between commanding a large army and a small one. It is a matter of communications, of establishing an efficient system of command signals. (林戊荪)

E. Directing a large army is the same as directing a small troop: it is a matter of strict and impartial command. (罗志野)

与上例不同,“金鼓”和“旌旗”在此句中被合称为“形名”。“形名”指古时军队使用的旌旗、金鼓等指挥工具。旌旗为形,金鼓为名。因为目可见者为形,耳可闻者为名。此处引申为指挥。此句意为:“指挥大部队作战跟指挥小部队作战是一样的,靠的是指挥号令的贯彻。”五个译本译法各不相同,贾尔斯译为“signs and signals”(符号和信号),过于笼统。格里菲斯和袁士槟译为“formations and signals”(编队和信号),与原文有所偏差。但格里菲斯还翻译了注解,详细解释了使用“形名”的原因及具体的使用方法，易于译文读者理解这一中国器物文化词汇。林戊荪译本直接舍弃了具体的器物，将其译为抽象的“communications”（通信）和“an efficient system of command signals”（有效的指挥信号系统）。罗志野意译为“strict and impartial command”（严格、公正的指挥）。两位译者虽译出了其内涵意义，却也舍弃了“形名”的本义，不利于译文读者更深刻地了解中国器物文化。

（7）夷关折符（《孙子兵法·九地篇》）

A. close the passes, rescind the passports

Footnote: Lit. ‘break the tallies’. These are carried by travellers and were examined by the Wardens of the Passes. Without a proper tally no one could legally enter or leave a country. (Samuel Griffith)

B. block the frontier passes, destroy the official tallies

[These were tablets of bamboo or wood, one half of which was issued as a permit or passport by the official in charge of a gate. Cf. the “border-warden” of LUN YU III. 24, who may have had similar duties. When this half was returned to him, within a fixed period, he was authorized to open the gate and let the traveler through.] (Lionel Giles)

C. You should close the passes, rescind the passports.（袁士槟）

D. close off the passes, destroy the official tallies（林戊荪）

E. You should close all passes, abrogate all official tallies.

Footnote: official tally: In former times each traveller must possess an official pass which was examined by the wardens at the frontiers.（罗志野）

“符”是古代朝廷用以传达命令、调兵遣将的凭证。以竹木或金玉做成，上面有文字图形，分为两半，各存一半，用时两半相合，以作为信证。除格里菲斯、袁士槟译为“passport”外，其余三个译本都译为“official tally”，“passport” 更多的是现代意义上的通行证、护照等纸质小册子，而“tally”是旧时所用的记事木签、符木，在材质和使用时间上更加符合原意。此外，格里菲斯译本和罗志野译本以脚注的方式对"符"进行了解释,而贾尔斯的解释则更加详细,包括"符"的质地、用法等,还将其与《论语》中的相关词语相比较,利于读者了解中国器物文化。

4.2.2 计量文化英译

中国的计量,可以追溯到四千多年前的氏族社会末期。据古书记载,黄帝创立了度、量、衡、里、数五个量。舜出巡协调统一了各部落氏族的度量衡。夏禹则以自己的身长、体重作为长度和重量的标准。传世的商代古尺,尺长15.8cm,分十个寸格。公元前221年,秦王嬴政统一中国后,颁布统一度量衡的诏书,将度量衡单位制推行到全国。秦朝统一的度量衡制沿用了两千多年,形成了中国古代计量单位制独特的体系。

《孙子兵法》中也出现了很多中国计量单位。例如:

(1)千里馈粮……日费千金……(《孙子兵法·作战篇》)

A. When provisions are transported for a thousand *li* expenditures at home and in the field, … will amount to one thousand pieces of gold a day.

Footnote: Gold money was coined in Ch'u as early as 400 B. C., but actually Sun Tzu does not use the term 'gold'. He uses a term which meant 'metallic currency'. (Samuel Griffith)

B. with provisions enough to carry them a thousand li

[2.78 modern LI go to a mile. The length may have varied slightly since Sun Tzu's time.]

…will reach the total of a thousand ounces of silver per day…(Lionel Giles)

C. when provisions are transported for a thousand li…will amount to one thousand pieces of gold a day…(袁士槟)

D. with provisions enough to carry them a thousand *li*…the total expenditure will amount to one thousand pieces of gold a day…(林戊荪)

E. Besides, you will require enough provisions for them to cover a thousand miles. Therefore it will spend one thousand pieces of gold a day…(罗志野)

此例中孙武论述了战争所需的花费巨大,其中出现了两个计量单位:“里”、“金”。“里”是中国长度单位,一里等于500米,约等于0.3英里,因此罗志野译本的“a thousand miles”(一千英里)只相当于“千里”的三分之一,会引起读者误解。因此,其余四个译本都选择音译为“li”,格里菲斯译本和林戊荪译本更是用斜体来强调其文化特殊性。贾尔斯则用文外作注的方法解释了“里”和“英里”的关系,并提到孙武时期的“里”与现代意义上的“里”有少许区别,有利于译文读者对此长度单位的理解。“金”是古代计算货币的单位。《史记·平准书》裴骃集解:“秦以一镒为一金,汉以一斤为一金。”“千金”在这是泛指巨额钱财。先秦时代的“金”并不是指的现在的黄金,而是指铜。因此,翻译成“gold”或是“silver”都不确切。虽然格里菲斯也译为“gold”,但其在脚注里详细解释了“金”的历史渊源以及此句中的“金”实际上是一种金属货币,使译文读者清楚地了解了译文中的“gold”并不是现代意义上的“金”。可以看出,格里菲斯尽力再现了原文的计量文化。贾尔斯译本的“a thousand ounces of silver”(一千盎司银)使用了西方读者熟悉的计量单位“盎司”。1金等于384克,而1盎司约为31克,相差巨大。不仅数据不准确,更是让读者失去了了解中国计量文化的机会。

(2)食敌一钟,当吾二十钟;萁秆一石,当吾二十石。(《孙子兵法·作战篇》)

A. for one bushel of the enemy's provisions is equivalent to twenty of his; one hundredweight of enemy fodder to twenty hundredweight of his.

Chang Yü: … In transporting provisions for a distance of one thousand *li*, twenty bushels will be consumed in delivering one to the army…. If difficult terrain must be crossed even more is required. (Samuel Griffith)

B. One cartload of the enemy's provisions is equivalent to twenty of one's own, and likewise a single picul of his provender is equivalent to twenty from one's own store. (Lionel Giles)

C. for one zhong of the enemy's provisions is equivalent to twenty of one's and one shi of the enemy's fodder to twenty shi of one's own. （袁士槟）

D. for one *zhong* (*tr.* :1,000 *litres*) of grain obtained from enemy territory is equivalent to 20 *zhong* shipped from home country, and one *dan* (*tr.* :60 *kilos*) of fodder from enemy territory to 20 *dan* from home. （林戊荪）

E. The consumption of one *zhong* of food from the enemy is equivalent to twenty *zhong* from his own land; and the consumption of one *dan* of enemy fodder to twenty *dan* of his.

Footnote: *zhong*: ancient Chinese unit of dry measure for food.

dan: ancient Chinese unit of dry measure for grain. （罗志野）

此例中孙武讨论了在敌国解决粮草补给问题的必要性。"钟"和"石"都是中国古代计量单位。"钟"是古代一种量器名,即圆形壶,用来盛酒浆或粮食,因而成为古代的容量单位,每钟六十四斗。春秋时期齐国量器分开、豆、区、釜、钟。春秋时期齐国的"公量",以四升为豆,四豆为瓯,四瓯为釜,十釜为钟。"石"是古代的重量单位,古读作"shi"(实),今读作"dan",四声,每石一百二十斤。《汉书·律历志》中载:"三十斤为钧,四钧为石。"对于这两种中国古代的计量单位,五位译者有不同的译法。格里菲斯选择用目的语中的计量单位进行替换,将"钟"译为"bushel","bushel"是谷物和水果的容量单位,相当于 8 加仑。格里菲斯将"石"译为"hundredweight"(英担),一英担在美国等于 100 磅,在英国等于 112 磅,因此,一英担约为 90 或 101 斤,稍轻于一石。可以看出,格里菲斯尽量选择了意义接近于原文的目的语词汇。另外,格里菲斯还翻译了张预的注解帮助译文读者理解。贾尔斯译为"cartload"(一车的载量)和"picul"(担),其中"cartload"虽利于读者理解,却丢失了原文的文化内涵。其余三个译本都采用音译的方法,只是袁士槟译本采用了"石"的古音,译为"shi",林、罗译本都译为"dan"。林戊荪、罗志野译本还采用斜体以示为中国文化专有词汇,并分别采取文内注和脚注的方法进行阐释。林戊荪将其与译文读者所熟悉的"litre"(升)和"kilo"(公斤)相比较,罗译本则解释其为中国古代称量食物和谷物的单位,有利于读者了解中国古代计量文化。

(3)故胜兵若以镒称铢,败兵若以铢称镒。(《孙子兵法·形篇》)

A. Thus a victorious army is as a hundredweight balanced against a grain; a defeated army as a grain balanced against a hundredweight. (Samuel Griffith)

B. A victorious army opposed to a routed one, is as a pound's weight placed in the scale against a single grain.

[Literally, "a victorious army is like an I (20 oz.) weighed against a SHU (1/24 oz.); a routed army is a SHU weighed against an I." The point is simply the enormous advantage which a disciplined force, flushed with victory, has over one demoralized by defeat. Legge, in his note on Mencius, I. 2. ix. 2, makes the I to be 24 Chinese ounces, and corrects Chu His's statement that it equaled 20 oz. only. But Li Ch'uan of the T'ang dynasty here gives the same figure as Chu Hsi.] (Lionel Giles)

C. Thus, a victorious army is as one yi (an ancient Chinese weight, approximately equivalent to 24 ounces) balanced against a grain, and a defeated army is as a grain against one yi. (袁士槟)

D. Thus, a victorious army has full advantage over its enemy, just like pitting 500 grains against one grain; the opposite is true with an army doomed to defeat, like pitting one against 500. (林戊荪)

E. A victorious army is like one *yi* balanced against one *zhu*, while a defeated army is like one *zhu* balanced against one *yi*.

Footnote: *yi*: an ancient Chinese unit of weight, one *yi* is 24 *liang* (1 liang = 50 grammes).

zhu: an ancient Chinese unit of weight, one *zhu* is equal to 1/24 *liang*. (罗志野)

此句中孙武用"镒"和"铢"之间的悬殊对比来比喻胜利的军队和失败的军队之间的巨大差距。"镒"和"铢"都是中国古代重量单位,1 镒为 24 两(一说为

20两),24铢为1两,镒比铢重500多倍,因此"以镒称铢"是用镒同铢作对比,比喻以多胜少,居绝对优势。五个译本都保留了比喻这个修辞手法,只是选择的计量单位有所不同。格里菲斯译本选择了译文读者熟悉的计量单位"hundredweight"(英担,重量单位,一英担约为90或101斤)和"grain"(格令,重量的最小单位,等于0.065克),两者的差距较大,也符合原意。贾尔斯译本同样选择了西方读者熟悉的计量单位"pound"(磅,1磅约为9两)和"grain"(格令,重量的最小单位,等于0.065克),与格里菲斯译本相比较,两者的差距较小。贾尔斯还在随后的注释中详细解释了这两个计量单位。另外,选用目的语中的计量单位替换源语中的计量单位,虽易于读者理解,却也使读者失去了了解中国计量文化的机会。袁士槟译本采用音译的方法,译为"yi",并增加了文内注,解释其为中国古代重量单位,约为24盎司,将其与西方读者熟悉的盎司进行比较,利于读者理解。但袁士槟"铢"的译法与贾尔斯译本相同,译为"grain",不利于中国计量文化的传递。林戊荪译本则按照"镒"和"铢"的换算比率,直接将其换算为"500 grains"和"one grain"。罗志野译本对于这两个词汇,均采用音译的方法,译为"*yi*"和"*zhu*",用斜体表示其文化特殊性,引起读者注意,并在脚注中将其与"两"和"克"进行了比较,注明一镒为24两,一两为50克,一铢为1/24两。相较之下,此例中罗译本的译法最有利于中国计量文化的传递。

(4)胜者之战民也,若决积水于<u>千仞</u>之谿者,形也。(《孙子兵法·形篇》)

A. It is because of disposition that a victorious general is able to make his people fight with the effect of pent-up waters which, suddenly released, plunge into a <u>bottomless</u> abyss.

Chang Yü: The nature of water is that it avoids heights and hastens to the lowlands. When a dam is broken, the water cascades with irresistible force. Now the shape of an army resembles water. Take advantage of the enemy's unpreparedness; attack him when he does not expect it; avoid his strength and strike his emptiness, and like water, none can oppose you. (Samuel Griffith)

B. The onrush of a conquering force is like the bursting of pent-up waters into a chasm a thousand fathoms deep. (Lionel Giles)

C. It is because of disposition that a victorious general is able to make his soldiers fight with the effect of pent-up waters which, suddenly released, plunge into a bottomless abyss. (袁士槟)

D. So great is the disparity of strength that a victorious army goes into battle with the force of an onrushing torrent which, when suddenly released, plunges into a chasm a thousand fathoms deep. This is what we mean by disposition. (林戊荪)

E. A general who will certainly win commands his men to fight with a force like the bursting of pent-up waters pouring down from a stream ten thousand feet high. This is the disposition of actual military strength. (罗志野)

此句意为:"胜利者指挥军队作战时,就像从八千尺的高处决开溪中积水一样,这就是军事实力的'形'。"孙武用此比喻来形容胜利者指挥军队作战时的势不可当。"仞"是中国古代的长度单位,八尺(一说为七尺)为一仞。"千仞"是虚指,形容极高。格里菲斯和袁士槟意译为"bottomless"(极深的),此外,格里菲斯还翻译了张预的注解,详细解释了此句所蕴含的战略战术。其余三个译本都译出了度量单位,但选择的都是西方读者熟悉的词汇,舍弃了原文的文化意象:贾尔斯、林戊荪译本用的是"fathom","fathom"是英寻,水深量度单位,约5.5尺,罗志野译本用的是"foot","foot"是英尺,1英尺约为0.9尺,两个长度单位都比"仞"短,与原文含义有别。为了弥补"英尺"和"仞"两个长度单位的不同,罗志野译本特意把"千"译为"ten thousand"(万),一万英尺约为九千尺,千仞为八千尺,两者在长度上的差距大大缩小了。此外,贾尔斯、罗志野译本还用了比喻词"like",保留了原文的明喻修辞手法,再现了其语言美。

4.3 社会文化英译

社会文化是一个民族的历史背景、政治特色、传统习俗、生活方式以及对个人、社会和阶层的习惯称谓等。不同国家、不同时期的文学作品反映了那个国家、那个时期的社会文化。作为成书于春秋时期的一本兵书,《孙子兵法》蕴含着丰富的春秋时期的社会文化。下面笔者将从历史文化、政治文化和称谓文化三个方面探讨《孙子兵法》中社会文化的翻译。

4.3.1 历史文化英译

不同的国家有不同的历史背景,由于英语读者不了解或者说不完全了解中国的历史,因此中国历史文化英译对译者来说就是一个不小的挑战。在翻译过程中这些历史文化专有项给中西文化顺畅的交流造成了困难。《孙子兵法》反映了作者孙武所处的春秋时期的历史文化,书中出现了许多中国历史朝代、历史人物等历史文化专有项。例如:

(1)凡此四军之利,黄帝之所以胜四帝也。(《孙子兵法·行军篇》)

A. Generally, these are advantageous for encamping in the four situations named. By using them the Yellow Emperor conquered four sovereigns.

Footnote: Supposed to have reigned 2697 – 2597 B. C. (Samuel Griffith)

B. These are the four useful branches of military knowledge

[Those, namely, concerned with (1) mountains, (2) rivers, (3) marshes, and (4) plains. Compare Napoleon's "Military Maxims," no. 1.]

which enabled the Yellow Emperor to vanquish four several sovereigns.

[Regarding the "Yellow Emperor": Mei Yao-ch`en asks, with some plausibility, whether there is an error in the text as nothing is known of Huang Ti having conquered four other Emperors. The SHIH CHI (ch. 1 ad init.) speaks only of his victories over Yen Ti and Ch`ih Yu. In the LIU T`AO it is mentioned that he "fought seventy battles and pacified the Empire." Ts`ao Kung's explanation is, that the Yellow Emperor was the first to institute the feudal system of vassals princes, each of whom (to the number of four) originally bore the title of Emperor. Li Ch`uan tells us that the art of war originated under Huang Ti, who received it from his Minister Feng

Hou.]（Lionel Giles）

C. Generally, these are advantageous principles for encamping in the four situations named. By using them, the Yellow Emperor conquered his four neighboring sovereigns. (Legend has it that the Yellow Emperor was the most ancient emperor in China; he reigned about four thousand years ago.)（袁士槟）

D. It was such advantageous positioning of his troops in these four different situations that enabled the Yellow Emperor to defeat his four opponents.（林戊荪）

E. These are the very four laws for encamping and disposing troops which enabled the Yellow Emperor to conquer the four other emperors in ancient times.

Footnote: Yellow Emperor: It was said that the Yellow Emperor was the first father of Han nation.

four other emperors: leaders of four tribes in the time of the Yellow Emperor.（罗志野）

此句以“黄帝”战胜“四帝”的历史故事来证明之前讲述的在山地、江河、盐碱沼泽、平原旷野地区部署军队的四种原则运用带来的好处。“黄帝”是古华夏部落联盟首领，本姓公孙，后改姬姓，故称姬轩辕，是中国远古时代华夏民族的共主、五帝之首，为中华“人文初祖”。五个译本都译为“Yellow Emperor”，不同的是袁士槟译本以文内注的方式，格里菲斯、罗志野译本以脚注的方式对其历史文化内涵进行了阐释，有利于读者的理解。“四帝”是传说中“黄帝”周围各部落首领。一般泛指炎帝、蚩尤等人，或曰南方赤帝、东方青帝、北方黑帝、西方白帝四帝。黄帝曾征服四方部族以统一黄河流域。《汉墓竹简孙子》佚文中《黄帝伐赤帝》对黄帝南伐赤帝，东伐青帝，西伐白帝，北伐黑帝有较详记载。对于“四帝”的翻译，与格里菲斯译本的“four sovereigns”和贾尔斯译本的“four several sovereigns”相比较，袁士槟译本的“four neighboring sovereigns”增加了“neighboring”（邻近的）一词，译出了当时几个部落地理位置的特点。林戊荪译为“four opponents”（四个对手），也传达出了其所暗含的意思。罗志野译为“four other emperors”并增加了“in ancient times”（古时）和脚注进行阐释。贾尔斯则在随后的注释中列出了几位注家不同的意见。相较之下，贾尔斯和罗志野译本更利于读者了解中国的历史文化。

(2)投之无所往，诸、刿之勇也。(《孙子兵法·九地篇》)

A. But throw them into a situation where there is no escape and they will display the immortal courage of Chuan Chu and Ts'ao Kuei.

Footnote: The exploits of these heroes are recounted in SC, ch. 68. (Samuel Griffith)

B. But let them once be brought to bay, and they will display the courage of a Chu or a Kuei.

[Chu was the personal name of Chuan Chu, a native of the Wu State and contemporary with Sun Tzu himself, who was employed by Kung-tzu Kuang, better known as Ho Lu Wang, to assassinate his sovereign Wang Liao with a dagger which he secreted in the belly of a fish served up at a banquet. He succeeded in his attempt, but was immediately hacked to pieced by the king's bodyguard. This was in 515 B. C. The other hero referred to, Ts`ao Kuei (or Ts`ao Mo), performed the exploit which has made his name famous 166 years earlier, in 681 B. C. Lu had been thrice defeated by Ch`i, and was just about to conclude a treaty surrendering a large slice of territory, when Ts`ao Kuei suddenly seized Huan Kung, the Duke of Ch`i, as he stood on the altar steps and held a dagger against his chest. None of the duke's retainers dared to move a muscle, and Ts`ao Kuei proceeded to demand full restitution, declaring the Lu was being unjustly treated because she was a smaller and a weaker state. Huan Kung, in peril of his life, was obliged to consent, whereupon Ts`ao Kuei flung away his dagger and quietly resumed his place amid the terrified assemblage without having so much as changed color. As was to be expected, the Duke wanted afterwards to repudiate the bargain, but his wise old counselor Kuan Chung pointed out to him the impolicy of breaking his word, and the upshot was that this bold stroke regained for Lu the whole of what she had lost in three pitched battles.] (Lionel Giles)

C. But throw them into a situation where is no escape and they will display the immortal courage of Zhuan Zhu and Cao Kuei. (Zhuan Zhu and Cao Kuei both lived in the Spring and Autumn Period, and were said to be brave warriors undaunted in the face of death.) (袁士槟)

D. Yet when they are thrown into a situation where there is no way out, they will be as courageous as Zhuan Zhu, Cao Gui and other heroes of ancient times. (林戊荪)

E. But if you throw them into a position where there is no way for them to retreat, they will be undaunted, as brave as Zhuan Zhu or Cao Gui.

Footnote: Zhuan Zhu: a famous hero in the *Spring and Autumn Period*;

Cao Gui: another famous hero in the same period. (罗志野)

此句意为:“把士卒投置到无路可走的绝境,他们就会像专诸、曹刿一样地勇敢了。”“诸、刿”即专诸、曹刿,都是春秋时期有名的勇士。专诸是春秋时吴国人,吴公子光(即阖闾)欲杀吴王僚以自立,伍子胥把他推荐给公子光。公元前515年,在一次宴席上,专诸置匕首于炙鱼腹中,乘进肴之便,刺杀了吴王僚,他也当场被刺杀。曹刿是鲁庄公时鲁国武士。公元前684年,齐侵鲁,他求见鲁庄公,要求从庄公出战。后两军战于长勺(今山东省莱芜东北),他做庄公陪乘,指挥战事。待齐军三鼓,士气衰竭,他始下令反击,获全胜。后来齐军与鲁军在柯地会盟,他身怀利刃,劫持齐桓公,逼迫齐桓公与鲁国订立盟约,收回被齐国侵占的土地。曹刿也因其勇气闻名于诸侯。在历史上,专诸和曹刿遂成为勇士的代称。五个译本都采用音译的方法,译为“Chuan Chu/ Chu/ Zhuan Zhu”和“Ts'ao Kuei/ Kuei/ Cao Kuei/ Cao Gui”,当然,格里菲斯和贾尔斯采用的仍然是罗马拼音。不同的是袁士槟、林戊荪、罗志野译本分别以文内注、文内明示和脚注的方式对两位历史人物进行了解释,而格里菲斯则在脚注中注明两位英雄的功绩已在别处另外说明,贾尔斯也以大篇幅的注解详细介绍了两位历史人物,如此处理有利于中国历史文化的传递。

(3)夫吴人与越人相恶也。(《孙子兵法·九地篇》)

A. For, although the men of Wu and Yüeh mutually hate one another. (Samuel Griffith)

B. For the men of Wu and the men of Yueh are enemies. (Lionel Giles)

C. For, although the men of Wu and Yüeh hate one another. (袁士槟)

D. The people of Wu and the people of Yue hate each other. (林戊荪)

E. Everyone knows that the people of Wu and the people of Yue are foes.

Footnote: Wu, Yue: Two kingdoms of the Zhou Dynasty (about 500 B. C.). (罗志野)

"吴"、"越"为春秋战国之际的诸侯国。五个译本都采用音译的方法,译为"Wu"和"Yueh/Yüe/Yue",但仅仅音译,不了解中国历史的西方读者恐怕无法理解,因此罗志野译本文外作注的方法有助于读者了解中国历史文化。

(4)昔殷之兴也,伊挚在夏;周之兴也,吕牙在殷。(《孙子兵法·用间篇》)

A. Of old, the rise of Yin was due to I Chih, who formerly served the Hsia; the Chou came to power through Lu Yu, a servant of the Yin.

Chang Yü: I Chih was a minister of Hsia who went over to the Yin. Lu Wang was a minister of Yin who went over to the Chou.

Footnote: Several of the commentators are outraged that these worthies are described by Sun Tzu as 'spies' or 'agents', but of course they were. (Samuel Griffith)

B. Of old, the rise of the Yin dynasty

Sun Tzu means the Shang dynasty, founded in 1766 B. C. Its name was changed to Yin by P'an Keng in 1401.

was due to I Chih

[Better known as I Yin, the famous general and statesman who took part in Ch'eng T'ang's campaign against Chieh Kuei.]

who had served under the Hsia. Likewise, the rise of the Chou dynasty was due to Lu Ya

[Lu Shang rose to high office under the tyrant Chou Hsin, whom he afterwards helped to overthrow. Popularly known as T'ai Kung, a title bestowed on him by Wen Wang, he is said to have composed a treatise on war, erroneously identified with the LIU T'AO.]

who had served under the Yin.

[There is less precision in the Chinese than I have thought it well to introduce into my translation, and the commentaries on the passage are by no means explicit. But, having regard to the context, we can hardly doubt that Sun Tzu is holding up I Chih and Lu Ya as illustrious examples of the converted spy, or something closely analogous. His suggestion is, that the Hsia and Yin dynasties were upset owing to the intimate knowledge of their weaknesses and shortcoming which these former ministers were able to impart to the other side. Mei Yao-ch'en appears to resent any such aspersion on these historic names: "I Yin and Lu Ya," he says, "were not rebels against the Government. Hsia could not employ the former, hence Yin employed him. Yin could not employ the latter, hence Hou employed him. Their great achievements were all for the good of the people." Ho Shih is also indignant: "How should two divinely inspired men such as I and Lu have acted as common spies? Sun Tzu's mention of them simply means that the proper use of the five classes of spies is a matter which requires men of the highest mental caliber like I and Lu, whose wisdom and capacity qualified them for the task. The above words only emphasize this point." Ho Shih believes then that the two heroes are mentioned on account of their supposed skill in the use of spies. But this is very weak.] (Lionel Giles)

C. In old times, the rise of the Shang Dynasty was due to Yi Zhi, Who had served under the Xia likewise, and the rise of the Zhou Dynasty was due to Lu Ya, who had served under the Yin. (袁士槟)

D. In ancient times, Yi Zhi, who had served the Xia Dynasty, was instrumental in the rise of the Yin (Shang) Dynasty over Xia. Likewise, Lu Ya, who had served the Yin Dynasty, had much to do with the rise of the succeeding Zhou Dynasty.（林戊荪）

E. In ancient history, the rise of Yin was due to Yi Zhi, who was former minister of Xia; and the rise of the Zhou Dynasty was due to Jiang Ziya, the former minister of Shang.

Footnote: Yin: the later period of the Shang Dynasty (16th – 11th century B.C.).

Zhou Dynasty: 11th – 2nd century B.C.

Jiang Ziya: alias Lü Ya.（罗志野）

此句意为:"从前殷商的兴起,在于伊挚曾经在夏为间,熟悉了解夏的内情;周朝的兴起,在于吕牙曾经在殷为间,熟悉了解殷商的内情。"孙武以这两个历史事件来强调用间的重要性。此例涉及三个历史朝代和两个历史人物:"夏"、"殷"、"周"和"伊挚"、"吕牙"。"夏"是公元前20世纪,大禹之子夏启所建立的中国历史上第一个统治王朝,传至夏桀时为商汤所灭。"殷"即商朝,是公元前17世纪,成汤灭了夏桀后建立的奴隶制国家,国号商,因后迁都至殷(今河南省安阳市),改国号为殷。因此,商也被称为殷,或称为商殷、殷商。"周"是公元前11世纪,周武王灭商后建立的奴隶制国家,建都镐京(在今陕西省西安市)。五个译本都采用了音译的方法,除格里菲斯和贾尔斯采用罗马拼音译为"Hsia"、"Yin"、"Chou"外,其余三个译本都采用汉语拼音,译为"Xia"、"Yin"、"Zhou"。袁士槟译本中的"殷"有两种译法:"Shang Dynasty"和"Yin",译文不同,却没有进一步解释两者的关系,不利于读者的理解和中国历史文化的传播。相较之下,林戊荪、罗志野译本的处理方式值得提倡。林戊荪以文内注的方式表明"Yin"(殷)即"Shang"(商),罗志野译本的脚注则解释得更明确:"殷:商朝的晚期(公元前16–11世纪)。"如果能增加对"夏"和这三个朝代关系的解释则会更利于西方读者了解中国历史文化。"伊挚"和"吕牙"是中国有名的历史人物。"伊挚"即"伊尹","尹"是官名,他原是夏桀的大臣,后转辅商汤,被任为相,帮助商汤灭了夏桀。夏桀无道,商汤欲征伐之。商汤"令伊尹往视旷夏",作战略侦察。《吕氏春秋·慎大》记载,为免除夏桀怀疑,汤设"苦肉计","亲射伊尹",从而取得桀的信任。伊尹在夏三年,将侦察到的夏朝情况报告商汤,为商灭夏立了大功。除格里菲斯和贾尔斯采用罗马拼音译为"I Chih"外,其余三个译本都采用汉语拼音,译为"Yi Zhi"。吕牙是商末周初的军事家,姜姓部族长,吕氏,名尚,字望,一说字子牙,称太公望,俗称姜太公,是周灭商的重要谋臣。吕牙原是殷纣的臣子,后来周文王采纳其谋略,暗中积蓄力量,乘隙剪除商朝羽翼,造成"三分天下有其二"的局面,奠定了灭商基础。到了周武王时期,被尊称为"师尚父"。武王伐纣前,利用吕牙曾是商纣官吏,了解商朝情况的便利条件,派吕牙深入商都探察军情。吕牙协助武王制定了乘虚进军、奔袭商都的作战计划。经商周牧野之战,周推翻了商朝,建立了周朝。吕牙以开国重臣之尊,受封于齐,建都营丘(在今山东省淄博市东),被授予征讨五侯九伯的特权,地位在各封国之上。五个译本都采用了音译的方法,并以文内明示的方法解释了两个历史人物,格里菲斯音译为"Lu Yu",贾尔斯、袁士槟、林戊荪音译为"Lu Ya",罗志野采用了读者更为熟悉的名字"Jiang Ziya",并增加了脚注解释"姜子牙"即"吕牙"。格里菲斯在随后的注释翻译中解释了两个历史人物背后的历史故事,并在脚注中提及了一些评论家反对将"伊尹"和"吕牙"称为"间谍",但格里菲斯本人在对二人的称呼方面仍是支持孙武的。贾尔斯也在随后的注释中对这些历史文化专有项进行了解释,也列出了注家们对孙武称呼二人为"间谍"的不同意见,这些都有利于读者了解中国的历史文化。

4.3.2 政治文化英译

在商代和西周时代,中国的政治文化已经开始形成。孙武所处的春秋时期是中国政治文化迅速发展并趋于成熟的时代。中国古代政治文化在《孙子兵法》中有着丰富的体现。例如:

(1) 法者,曲制、官道、主用也。(《孙子兵法·计篇》)

A. By doctrine I mean organization, control, assignment of appropriate ranks to officers, regulation of supply routes, and the provision of principal items used by the army. (Samuel Griffith)

B. By METHOD AND DISCIPLINE are to be understood the marshaling of the army in its proper subdivisions, the graduations of rank among the officers, the maintenance of roads by which supplies may reach the army, and the control of military expenditure. (Lionel Giles)

C. Doctrine is to be understood as the organisation of the army, the gradations of rank among the officers, the regulation of supply routes, and the provision of military materials to the army. (袁士槟)

D. By "rules and regulations", I mean the principles guiding the organization of army units, the appointment and administration of officers and the management of military supplies and expenditures. (林戊荪)

E. What is *law*? The law refers to the military establishment, the assignment of officers at all levels, and the allocation and use of military supplies. (罗志野)

此例中作者孙武解释了军队制度,其中涉及三种古代军队管理制度:"曲制"、"官道"和"主用"。"曲"是古代军队的编制单位。"曲制"即古代军队的组织编制和通信联络制度。曹操注《孙子》言:"部曲、幡帜、金鼓之制也",比较明确地揭示了"曲制"的含义。"官"指军队中的各级指挥员,"官道"即指对军队各级将领的职责划分和统辖管制制度。曹操注《孙子》言:"官者,百官之分也。道者,粮路也。""主"意为"管理","用"指军队物资,"主用"即军队后勤军需物资、军用器械、军事费用的供应管理制度。曹操注《孙子》言:"主者,主军费用也。"五个译本都翻译出了原意,就结构来看,林戊荪、罗志野译本更符合原文,格里菲斯、贾尔斯和袁士槟译本则把"主用"具体化为两个短语,更有助于读者理解。

(2) 夫未战而庙算胜者,得算多也;未战而庙算不胜者,得算少也。(《孙子兵法·计篇》)

A. Now if the estimates made in the temple before hostilities indicate victory it is because calculations show one's strength to be superior to that of his enemy; if they indicate defeat, it is because calculations show that one is inferior.

Footnote: A confusing verse difficult to render into English. In the preliminary calculations some sort of counting devices were used. The operative character represents such a device, possibly a primitive abacus. We do not know how the various 'factors' and 'elements' named were weighted, but obviously the process of comparison of relative strengths was a rational one. It appears also that two separate calculations were made, the first on a national level, the second on a strategic level. In the former the five basic elements named in v. 3 were compared; we may suppose that if the results of this were favourable the military experts compared strengths, training, equity in administering rewards and punishments, and so on (the seven factors). (Samuel Griffith)

B. Now the general who wins a battle makes many calculations in his temple ere the battle is fought.

[Chang Yu tells us that in ancient times it was customary for a temple to be set apart for the use of a general who was about to take the field, in order that he might there elaborate his plan of campaign.]

The general who loses a battle makes but few calculations beforehand. (Lionel Giles)

C. Now, if the estimates made before a battle indicate victory, it is because careful calculations show that your conditions are more favourable than those of your enemy; if they indicate defeat, it is because careful calculations show that favourable conditions for a battle are fewer. (袁士槟)

D. He who makes full assessment of the situation at the prewar council meeting in the temple (*translator's note: an ancient Chinese practice*) is more likely to win. He who makes insufficient assessment of the situation at this meeting is less likely to win. (林戊荪)

E. It gives a general greater advantage to win to make military decisions in the temple even before fighting a battle, and less advantage if he makes no military decision in the temple before doing battle.

Footnote: make military decision in the temple: Doing battle is a matter of vital importance to the nation, the generals must hold a ceremony for military actions and forecasting the outcome of war. (罗志野)

此句论述了"庙算"的重要性,筹划周密就会增加胜算。"算"是一种专门为计算制造的小棍,用竹、木、骨或金属制作。这里的"算"是指通过周密计算比较,认定取胜的各项条件。"庙"是古代祭祀祖先与商议国事的场所,亦称庙堂。古时凡兴师出征之前,帝王都到祖庙去祭祖,祈求保佑打胜仗。后来变为君臣在祖庙里共同策定用兵方略,类似于召开作战会议。这一作战准备程序称为"庙算"。根据孙武的《孙子兵法》,庙算的内容,即决定战争胜负的条件包括"五事"和"七计"。格里菲斯在脚注中承认这一段的论述令人困惑,是很难翻译成英语的,但他尽力详细解释了"算"是一种计算工具,并讲解了"庙算"的内容,利于译文读者了解这一中国政治文化词汇。贾尔斯在随后的注解中也对其进行了解释。袁士槟译本则没有解释其历史背景,甚至把"庙"都略去了,不利于读者了解中国文化。相反,林戊荪、罗志野译本都以文内明示的方法对这一文化意象进行了阐释,如林戊荪译本增加了"prewar council meeting"(战前会议),罗志野译本增加了"military"(军事的),并分别以文内注、脚注的方式做出进一步的解释说明,利于读者了解中国政治文化。

(3) 财竭则急于丘役。(《孙子兵法·作战篇》)

A. When wealth is exhausted the peasantry will be afflicted with urgent exactions.

Footnote: … The 'urgent [or 'heavy'] exactions' refers to special taxes, forced contributions of animals and grain, and porterage. (Samuel Griffith)

B. When their substance is drained away, the peasantry will be afflicted by heavy exactions. (Lionel Giles)

C. When wealth is drained away, the people will be afflicted with urgent and heavy exactions.（袁士槟）

D. When the resources are exhausted, exactions and levies are bound to increase.（林戊荪）

E. And the financial exhaustion will lead to urgent exactions.（罗志野）

此例中孙武解释了远道运输带来的一系列连锁反应,其中财富枯竭就会加重赋役。“丘役”是以丘为单位征发的赋税、徭役制度,是新兴地主阶级的革新措施。丘是古代地方行政区划单位。《汉书·刑法志》中记载:“四井为邑,四邑为丘。”①五个译本都选择模糊译为“exaction”(苛捐杂税),格里菲斯译为“urgent exaction”(紧急的征税),而且在脚注中补充说明了这一中国古代的税赋制度。虽然贾尔斯、袁士槟译为“heavy exaction”(重税),林戊荪译本增加了“levy”(征税),但都没有详细解释这一政治制度,不利于这一政治文化意象的传递。

(4)全军为上,破军次之;全旅为上,破旅次之;全卒为上,破卒次之;全伍为上,破伍次之。(《孙子兵法·谋攻篇》)

A. To capture the enemy's army is better than to destroy it; to take intact a battalion, a company or a five-man squad is better than to destroy them. (Samuel Griffith)

B. So, too, it is better to recapture an army entire than to destroy it, to capture a regiment, a detachment or a company entire than to destroy them.

[The equivalent to an army corps, according to Ssu-ma Fa, consisted nominally of 12500 men; according to Ts'ao Kung, the equivalent of a regiment contained 500 men, the equivalent to a detachment consists from any number between 100 and 500, and the equivalent of a company contains from 5 to 100 men. For the last two, however, Chang Yu gives the exact figures of 100 and 5 respectively.] (Lionel Giles)

① 班固:《汉书》,中华书局 1964 年版,第 1081 页。

C. To capture the enemy's entire army is better than to destroy it; to take intact a regiment, a company, or a squad is better than to destroy them. (Regiment, company, and squad are *lu*, *zu*, and *wu* in Chinese. In ancient china, five hundred soldiers made up a *lu*, one hundred a *zu*, and five a *wu*.)(袁士槟)

D. To have the enemy's army surrender in its entirety is better than to crush it. Likewise, to take a battalion, a company or a five-man squad intact is better than to destroy it. (林戊荪)

E. Subjugating the entire enemy's army is better than crushing it; making a battalion, a company or a five-man squad surrender is better than destroying them. (罗志野)

"军"、"旅"、"卒"、"伍"是古代军队的编制单位。虽然各国编制不尽相同,但一般认为"军"12500人,"旅"500人,"卒"100人,"伍"5人。四个译本都采用现代军队编制与其对应,现代军队编制人数约为"军"(army)40000人,"师"(division)10000人,"团"(regiment)1000人,"营"(battalion)300人,"连"(company)100人,"排"(platoon)30人,"班"(squad)10人。对于最大的单位"军",四个译本都译为"army",虽然两者都是军队编制最高一级的,不妨碍读者理解原文,但就人数而言最适合的词是"division"(师)。在"旅"字的翻译上五位译者有了分歧:贾尔斯、袁士槟译为"regiment"(团),格里菲斯、林戊荪、罗志野译为"battalion"(营),就人数而言,现代军队编制的"营"更符合古代军队编制的"旅"。"卒"字的翻译,除贾尔斯译为"detachment"(分遣队、支队)外,其余四个译本都译为"company"(连),现代的"连"与古代的"卒"人数相当。"伍"字的翻译,除贾尔斯译为"company"(连)外,其余四个译本都译为"squad"(班),现代的"班"与"伍"人数最为接近,格里菲斯、林戊荪、罗志野译本还增加了"five-man"(五人),说明了"伍"的人数。值得一提的是,贾尔斯和袁士槟译本以文内注的方式对这一古代军队编制的人数进行了解释,袁士槟还标注了汉语发音,利于读者了解中国古代军队编制。

(5)不知三军之事,而同三军之政者,则军士惑矣;不知三军之权,而同三军

之任,则军士疑矣。(《孙子兵法·谋攻篇》)

A. When ignorant of military affairs, to participate in their administration. This causes the officers to be perplexed.

Ts'ao Ts'ao: … An army cannot be run according to rules of etiquette.

Tu Mu: As far as propriety, laws, and decrees are concerned, the army has its own code, which it ordinarily follows. If these are made identical with those used in governing a state the officers will be bewildered.

Chang Yü: Benevolence and righteousness may be used to govern a state but cannot be used to administer an army. Expediency and flexibility are used in administering an army, but cannot be used in governing a state.

When ignorant of command problems to share in the exercise of responsibilities. This engenders doubts in the minds of the officers.

Footnote: Lit. 'Not knowing [or 'not understanding' or 'ignorant of'] [where] authority [lies] in the army'; or 'ignorant of [matters relating to exercise of] military authority…'. The operative character is 'authority' or 'power'. (Samuel Griffith)

B. By attempting to govern an army in the same way as he administers a kingdom, being ignorant of the conditions which obtain in an army. This causes restlessness in the soldier's minds.

[Ts'ao Kung's note is, freely translated: "The military sphere and the civil sphere are wholly distinct; you can't handle an army in kid gloves." And Chang Yu says: "Humanity and justice are the principles on which to govern a state, but not an army; opportunism and flexibility, on the other hand, are military rather than civil virtues to assimilate the governing of an army"—to that of a State, understood.]

By employing the officers of his army without discrimination,

[That is, he is not careful to use the right man in the right place.]

through ignorance of the military principle of adaptation to circumstances. This shakes the confidence of the soldiers.

[I follow Mei Yao-ch`en here. The other commentators refer not to the ruler, as in SS. 13, 14, but to the officers he employs. Thus Tu Yu says: "If a general is ignorant of the principle of adaptability, he must not be entrusted with a position of authority." Tu Mu quotes: "The skillful employer of men will employ the wise man, the brave man, the covetous man, and the stupid man. For the wise man delights in establishing his merit, the brave man likes to show his courage in action, the covetous man is quick at seizing advantages, and the stupid man has no fear of death."] (Lionel Giles)

C. When ignorant of military affairs, to interfere in their administration. This causes the officers to be perplexed. When ignorant of command problems, to interfere with the direction of fighting. This engenders doubts in the minds of the officers. (袁士槟)

D. Two, he interferes with the administration of the army when he is ignorant of its internal affairs, thus causing confusion among the officers and men. Three, he interferes with the officers' command, unaware of the principle that an army should adopt different tactics according to different circumstances. This will create misgivings in the minds of the officers and men. (林戊荪)

E. Secondly, if he interferes with the administration of the army without understanding the internal affairs of it, his action will, of course, baffle his officers and soldiers. Thirdly, when he interferes with the direction the army without knowing the principles of military stratagem, it will, of course, raise doubts and misgivings in the minds of the officers and soldiers. (罗志野)

此句意为:“不知道军队内部的事务,而干涉军队的行政,军士就会迷惑不解;不知道用兵的权谋,而干涉军队的指挥,将士就会产生疑虑。”格里菲斯和贾尔斯在随后的注释翻译和脚注中详细揭示了此句的含义,利于译文读者理解原文。此例中出现了古代军队编制词汇:“三军”。现代“三军”的概念是指陆、海、空三军。春秋时期的“三军”指骑马打仗的前、中、后三个兵种，这与现代“三军”的意义完全不同。周代，大的诸侯国设三军，有的为左、中、右三军，有的为上、中、下三军。此例中，五个译本都选择了“army”（军队）或“military”（军事的，军队的），容易让译文读者与现代“三军”的概念相混淆，无法了解中国古代军队的编制。

（6）卑而广者，徒来也。（《孙子兵法·行军篇》）

A. When it hangs low and is widespread infantry is approaching. （Samuel Griffith）

B. when the dust is low, but spread over a wide area, it betokens the approach of infantry. （Lionel Giles）

C. When it hangs low and is widespread, it betokens that infantry is approaching. （袁士槟）

D. If the dust spreads out low on the ground, his foot soldiers are coming. （林戊荪）

E. When the dust stays low and is widespread, it is a sign that the enemy's infantry is drawing near. （罗志野）

此句意为：“烟尘低矮而且散布面广，是敌步兵突袭而来。”孙武论述了要根据不同的现象来推断敌军的行动。“徒”又称为徒兵，即步兵。步兵最初是车的属兵，一般与战车混编。春秋末期，建制步兵渐趋活跃，并摆脱了对车的从属地位而独立于战场上。这里的徒兵就是这种建制的步兵。因此，直译为“infantry”或“foot soldiers”均可以表达原文含义。

（7）凡治众如治寡，分数是也。（《孙子兵法·势篇》）

A. Generally, management of many is the same as management of few. It is a matter of organization.

Chang Yü: To manage a host one must first assign responsibilities to the generals and their assistants, and establish the strengths of ranks and files….

One man is a single; two, a pair; three, a trio. A pair and a trio make a five, which is a squad; two squads make a section; five sections, a platoon; two platoons, a company; two companies, a battalion; two battalions, a regiment; two regiments, a group; two groups, a brigade; two brigades, an army. Each is subordinate to the superior and controls the inferior. Each is properly trained. Thus one may manage a host of a million men just as he would a few.

Footnote: *Fen Shu* (分数) is literally 'division of [or by] numbers' (or 'divisions and numbering'). Here translated 'organization'.

Suggestive that the 'pair' and the 'trio' carried different weapons.

A ten-man section; one hundred to the company; two hundred to the battalion; four hundred to the regiment; eight hundred to the group; sixteen hundred tot the brigade; thirty-two hundred to the army. This apparently organization at the time Chang Yü was writing. The English terms for the units are arbitrary. (Samuel Griffith)

B. The control of a large force is the same principle as the control of a few men: it is merely a question of dividing up their numbers.

[That is, cutting up the army into regiments, companies, etc., with subordinate officers in command of each. Tu Mu reminds us of Han Hsin's famous reply to the first Han Emperor, who once said to him: "How large an army do you think I could lead?" "Not more than 100,000 men, your Majesty." "And you?" asked the Emperor. "Oh!" he answered, "the more the better."] (Lionel Giles)

C. Generally management of a large force is the same as management of a few men. It is a matter of organisation. (袁士槟)

D. There is no difference between administering many troops and few troops. It is a matter of organization, of instituting layers of control. (林戊荪)

E. Managing a big army is in principle the same as managing a small one: it is a matter of organization. (罗志野)

此句孙武论述了军队组织编制问题的重要性,不管是管理大部队还是管理小部队都是一样的。曹操注:"部曲为分,什伍为数。"古代军队编制里,大将军营有五部,部下有曲,十人为什,五人为伍。可见,"分数"指军队的组织编制,分层设级,定编定员,配备不同级别的军官。贾尔斯译本把"分"直译为"dividing up","数"译为"number",明显是对原文的误译。但好在他在随后的注解中解释了其正确的含义。其他四个译本都译为"organiz(s)ation"(组织),林戊荪译本还增加了"instituting layers of control"(建立管理层),以文内明示的方式帮助读者更好地理解原文。格里菲斯则以翻译注解和脚注的方式非常详细地介绍了这一中国古代军队编制。

4.3.3 称谓文化英译

中国人的称谓语蕴含着中华民族悠久的文化历史的沉淀和变迁,是最富有民族文化特色的语言现象之一。中国人的称谓语是宗法、习俗、等级、地位等的反映。根据其使用范围的不同,可分为亲属称谓语和社交称谓语。总体来说,中西文化的差异决定了汉语的称谓语要比英语的称谓语复杂得多,这也给翻译造成了困难。

(一)亲属称谓

亲属称谓是民族传统文化的一个体现。中国人重亲情,因此对亲属的称谓有着一个非常复杂的系统,直系旁系、血亲姻亲、母系父系、性别辈分都有着不同的称谓。而在西方文化中,亲属称谓则简单得多。如英语中的"uncle"对应着汉语中的"叔叔"、"伯伯"、"姑父"、"姨夫"、"舅舅"等好几个称谓,"aunt"对应着汉语中的"阿姨"、"婶婶"、"娘娘"、"姑姑"等几个称谓。

特定社会特定时期的称谓文化从当时的文学作品中就可见一斑。如,《红楼梦》中人物繁多、关系复杂,因此称谓语极其丰富。这些称谓突出表现了中国传统文化中的三纲五常、伦理道德。例如,贾政因等级森严的社会制度称女儿贾元春为"娘娘"或"贵妃",称自己的母亲贾母为"老太太"或"老祖宗"。贾宝玉也称呼贾政和王夫人"老爷"、"太太"等。王夫人也称呼自己的丈夫"老爷",体现了贾政作为男性家长的权威。在封建社会的宗法制度下,社会等级森严,家庭内部也难例外,家庭间的亲属称谓被社会称谓所替代。对于“娘娘”这一称谓,杨宪益、戴乃迭夫妇和霍克斯、闵福德两个译本均体现出了尊卑的关系,分别译为“Her Highness”、“Her Grace”。杨译本将“老爷”、“太太”翻译成“sir”、“madam”,也表达出了尊敬的意味。霍译本将“老爷”译为“Sir Zheng”,而对于“太太”则舍弃了称谓上的社会意义,只取其亲属关系称谓,将其译为“Mother”。另外,杨译本中的“老太太”统一为“the Old Lady”,霍译本中则是“Lady Jia”、“Mother”、“Grandma”,无法体现等级严明的阶级关系,使读者无法领略中国独特的称谓语文化。

再比如,《红楼梦》第三回目“托内兄如海荐西宾,接外孙贾母惜孤女”中的“内兄”和“外孙女”都是汉语里特殊亲属称谓。在汉语文化中妻系称谓多冠以“内”来区别于母系称谓,如“内弟(妻子的弟弟)”、“内侄(妻子的侄儿)”等,“内兄”是指某人妻子的哥哥。对于“内兄”,杨宪益、戴乃迭夫妇和霍克斯、闵福德两个译本都译为“brother-in-law”,既没有体现“内”,也没体现“兄”,其实“内”可以用“sidling”表示,“兄”可以用“elder brother”表示,以示区分。汉语称谓对于母系系统常冠以“外”,如“外婆”、“外公”、“外甥”等,“外孙女”是指某人女儿的女儿。对于“外孙女”,杨译为“grand-daughter”,没有体现“外孙女”与“孙女”的区别,而霍译本仅译为“child”(孩子),没有将中国称谓语文化传递给英语读者。

另外,中国文化中,非亲属关系的人也可以用亲属称谓来称呼,如“爷爷”、“奶奶”、“叔叔”、“阿姨”、“伯伯”、“婶婶”、“姐姐”、“哥哥”、“弟弟”、“妹妹”等,用以表示尊重、拉近社交关系等。英语中的亲属称谓则远没有如此复杂。因此,由于中西文化的差异,汉语亲属称谓语的翻译是个不小的难题。例如,《红楼梦》第六回刘姥姥去找凤姐时,领路的孩子所用的“周大娘”、“老奶奶”都是拟亲属称谓,说话人与受话人并没有亲属关系,如此称呼是为了表示尊敬并缩短与受话人的社交距离。杨宪益、戴乃迭译本采用异化的翻译方法,译为“Auntie Chou”和“granny”,而霍克斯、闵福德译本采用归化的方法,译为“Mrs. Zhou”和“an old woman”,虽然使读者能更好地理解原文,却无法传递中国独特的称谓文化。

（二）社交称谓

社交称谓是反映人们社交关系的称谓。汉语中的交际称谓词，除上面提到的可以用于称呼非亲属关系的亲属称谓语，比较常用的还有如："先生"、"女士"、"太太"、"小姐"、"同志"、"师傅"、"老王"、"小刘"等。其中，"先生"、"太太"、"小姐"、"女士"都可以在英语中找到对应词汇。但像"同志"、"师傅"、"叔叔"、"阿姨"等虽然也有英语词汇对应，但并不符合英语交际习惯。"老王"、"小刘"则几乎没有与其对应的词汇。

另外，汉语中的头衔基本上都可用作称谓。在汉语中，所有的职务、军衔、职称、学位、职业等都可以加上姓称呼别人，以表示对对方的尊敬和礼貌。主要有三种形式：第一，称呼其职务，如"孙厅长"、"王局长"、"刘科长"、"李书记"、"赵院长"、"张经理"等。第二，称呼其专业技术职务，如"张教授"、"赵医师"、"王工程师"等。第三，称呼其职业，如"王老师"、"赵大夫"、"张会计"，另外，不少行业还可以称呼其为"师傅"。相比之下，与亲属称谓一样，汉语的社交称谓也要比英语的社交称谓复杂得多。如汉语中的总统、主席、校长、董事长等称谓在英语中的对应词只有一个："president"。院长、馆长、所长、厂长、主任等称谓的对应词也只有"director"。司长、厅长、县长、局长、站长、系主任等称谓同样也只对应一个词："head"。称谓文化的不同加大了译者翻译时的难度。

此外，中国人在社交时总是尽量谦卑，故在称呼自己时用谦称，称呼他人时用敬称。这类称谓可分为：以说话者为参照点的，如"拙作"、"寒舍"、"贱内"、"小女"等；以受话者为参照点的，如"贵庚"、"尊姓"、"府上"、"令尊"、"令郎"等。

例如，《红楼梦》第三回中贾雨村对林如海的亲戚贾赦和贾政称"令亲大人"，林如海称呼贾雨村"尊兄"，以示尊敬；而林如海称呼贾赦和贾政"舍亲"，以示谦卑。"令"和"尊"是称呼他人时所用的敬称，"舍"是称呼自己时的谦称。这三个字再现了贾雨村的谦卑和对林如海的奉承。杨宪益、戴乃迭译本分别译为"respected"、"honorable"和"humble"，霍克斯、闵福德译本则将其直接转化成英语中普通的关系称谓，分别译为“your”、“my”、“your”，使读者无法领略中国独特的称谓文化。

再比如，《红楼梦》中忠顺亲王府里的长官对恭顺亲王称“王爷”，对贾宝玉、贾府尊称“令郎”、“尊府”。对于“令郎”、“尊府”，杨宪益、戴乃迭译本用“your esteemed son”、“your noble son”、“your honorable mansion”来表达原文的敬称。然而在霍译本中这些敬称全部被省略掉，只剩下普通的称谓“young gentleman”、“your son”、“here”。对于“王爷”的翻译，两个译本都译为“His Highness”，这是因为英国对皇权贵族的称谓与旧中国的情况类似，如陛下（Your/His Majesty）、大人、殿下（Your/His Highness）、阁下（Your/His Excellency）等。因此，译为“His Highness”并不影响原文称谓文化的传递。

《孙子兵法》中出现了军衔、官职、分封称号等称谓语。例如，“诸侯”。“诸侯”是西周、春秋时期分封的各国国君。据笔者统计，《孙子兵法》中共出现了十处“诸侯”。如下：

（1）则诸侯乘其弊而起。（《孙子兵法·作战篇》）

A. Neighbouring rulers will take advantage of your distress to act. （Samuel Griffith）

B. Other chieftains will spring up to take advantage of your extremity.（Lionel Giles）

C. The chieftains of the neighbouring states will take advantage of your crisis to act.（袁士槟）

D. Neighbouring states will take advantage of your distress to strike.（林戊荪）

E. The neighbouring princes will take advantage of your difficulty and attack you and do you harm.（罗志野）

（2）三军既惑且疑，则诸侯之难至矣。（《孙子兵法·谋攻篇》）

A. If the army is confused and suspicious, neighbouring rulers will cause trouble.（Samuel Griffith）

B. But when the army is restless and distrustful, trouble is sure to come from the other feudal princes. (Lionel Giles)

C. If the army is confused and suspicious, neighboring rulers will take advantage of this and cause trouble. (袁士槟)

D. When an army is confused and fraught with misgivings, neighbouring states will take advantage of the situation and attack. (林戊荪)

E. This necessarily leads to their confusion and suspicion. Then, the princes will take the advantage of it and rise in revolt. (罗志野)

(3)故不知诸侯之谋者,不能豫交。(《孙子兵法·军争篇》)

A. 无 (Samuel Griffith)

B. We cannot enter into alliances until we are acquainted with the designs of our neighbors. (Lionel Giles)

C. One who is not acquainted with the designs of his neighbors should not enter into alliances with them. (袁士槟)

D. Unless you know the strategic intentions of the rulers of the neighbouring states, you cannot enter into alliances with them. (林戊荪)

E. A commander who does not understand the plots and schemes of the princes cannot enter into alliances with them. (罗志野)

(4)是故屈诸侯者以害,役诸侯者以业,趋诸侯者以利。(《孙子兵法·九变篇》)

A. He who intimidates his neighbours does so by inflicting injury upon them. He wearies them by keeping them constantly occupied, and makes them rush about by offering them ostensible advantages. (Samuel Griffith)

B. Reduce the hostile chiefs by inflicting damage on them; and make trouble for them, and keep them constantly engaged; hold out specious allurements, and make them rush to any given point.

[Chia Lin enumerates several ways of inflicting this injury, some of which would only occur to the Oriental mind:—"Entice away the enemy's best and wisest men, so that he may be left without counselors. Introduce traitors into his country, that the government policy may be rendered futile. Foment intrigue and deceit, and thus sow dissension between the ruler and his ministers. By means of every artful contrivance, cause deterioration amongst his men and waste of his treasure. Corrupt his morals by insidious gifts leading him into excess. Disturb and unsettle his mind by presenting him with lovely women." Chang Yu (after Wang Hsi) makes a different interpretation of Sun Tzu here: "Get the enemy into a position where he must suffer injury, and he will submit of his own accord."] (Lionel Giles)

C. He who wants to subdue dukes in neighboring states does so by inflicting injury upon them. He who wants to control them does so by keeping them constantly occupied, and he who makes them rush by offering them ostensible advantages. (袁士槟)

D. To subjugate the neighbouring states, hit them where it hurts; to keep them occupied, make trouble for them; and make them rush about, inveigle them with the prospects of ostensible gain. (林戊荪)

E. If you want to subdue the hostile princes, threaten them with what they fear most; if you want to make them do what you desire, trouble them with busy work; if you want to lead the enemy by the nose, give them small advantages. (罗志野)

(5)诸侯自战其地者,为散地。(《孙子兵法·九地篇》)

A. When a feudal lord fights in his own territory, he is in dispersive ground. (Samuel Griffith)

B. When a chieftain is fighting in his own territory, it is dispersive ground.

[So called because the soldiers, being near to their homes and anxious to see their wives and children, are likely to seize the opportunity afforded by a battle and scatter in every direction. "In their advance," observes Tu Mu, "they will lack the valor of desperation, and when they retreat, they will find harbors of refuge."] (Lionel Giles)

C. When a feudal lord fights in his own territory, he is in dispersive ground. (袁士槟)

D. When the battle is fought within the territory of one's own state, it is a region that makes for the dispersion of his troops. (林戊荪)

E. When a prince wages a campaign in his own territory, the place is called *dispersive* ground. (罗志野)

(6)诸侯之地三属,先至而天下之众者,为衢地。(《孙子兵法·九地篇》)

A. When a state is enclosed by three other states its territory is focal. He who first gets control of it will gain the support of All-under-Heaven.

Footnote: The Empire is always described as 'All-under-Heaven'. (Samuel Griffith)

Ground which forms the key to three contiguous states,

[Ts'au Kung defines this as: "Our country adjoining the enemy's and a third country conterminous with both." Meng Shih instances the small principality of Cheng, which was bounded on the north-east by Ch'i, on the west by Chin, and on the south by Ch'u.]

so that he who occupies it first has most of the Empire at his command,

[The belligerent who holds this dominating position can constrain most of them to become his allies.]

is a ground of intersecting highways. (Lionel Giles)

C. When a state is enclosed by three other states, its territory is focal. He who first gets control of it will gain the support of the majority of neighbouring states. ? (袁士槟)

D. Territory where the borders of several neighbouring states meet is a focal region. (林戊荪)

E. A position, where three neighbouring states meet, and which whoever first gets control of will gain the support of other neighbouring states, is called *focal* ground. (罗志野)

(7)帅与之深入诸侯之地,而发其机。(《孙子兵法·九地篇》)

A. He leads the army deep into hostile territory and there releases the trigger. (Samuel Griffith)

B. He carries his men deep into hostile territory before he shows his hand.

[Literally, "releases the spring" (see V. ss. 15), that is, takes some decisive step which makes it impossible for the army to return—like Hsiang Yu, who sunk his ships after crossing a river. Ch'en Hao, followed by Chia Lin, understands the words less well as "puts forth every artifice at his command."] (Lionel Giles)

C. He leads the army deep into hostile territory and there releases the trigger. ? (袁士槟)

D. He leads his troops deep into the territory of the neighbouring states, like an arrow released from the bow. (林戊荪)

E. When he leads his troops deep into a princedom, he should have the momentum of an arrow that has been released. (罗志野)

(8)是故不知诸侯之谋者,不能预交。(《孙子兵法·九地篇》)

A. One ignorant of the plans of neighbouring states cannot prepare alliances in good time. (Samuel Griffith)

B. We cannot enter into alliance with neighboring princes until we are acquainted with their designs. (Lionel Giles)

C. One ignorant of the plans of neighbouring states cannot make alliances with them. (袁士槟)

D. Unless you know the strategic intention of the sovereigns of the neighbouring states, you should not enter into alliances with them. (林戊荪)

E. A general who is ignorant of the intention of the neighbouring princes cannot form alliances with them. (罗志野)

"诸侯"源自分封制,最早可以追溯到西周时期。当时土地连同人民,分别授予王族、功臣和贵族,让他们建立自己的领地,拱卫王室。封国的面积大小不一,封国国君的爵位也有高低。诸侯必须服从周王室,按期纳贡,并随同作战,保卫王室。后来,诸侯脱离了周天子的控制并出现割据纷争的局面。秦王政后来统一六国,自称始皇帝,废弃分封诸侯制度,而把天下分为郡、县,由朝廷任官治理。对于这一富含中国历史文化的称谓,五个译本的处理方式也不尽相同,如下表:

表 4-1 《孙子兵法》各英译本中"诸侯"一词的译文

	Samuel Griffith	Lionel Giles	袁士槟	林戊荪	罗志野
(1)	neighbouring rulers	chieftains	chieftains of the neighbour-ing states	neighbouring states	neighbouring princes
(2)	neighbouring rulers	feudal princes	neighboring rulers	neighbouring states	princes
(3)	无	neighbors	neighbors	rulers of the neighbouring states	princes
(4)	neighbours	chiefs	dukes	neighbouring states	hostile princes
(5)	feudal lord	chieftain	feudal lord	one	prince
(6)	states	contiguous states	state	neighbouring states	neighbouring states
(7)	hostile territory	hostile territory	hostile territory	neighbouring states	princedom
(8)	neighbouring states	neighboring princes	neighbouring states	neighbouring states	neighbouring princes

由表 4-1 可以看出,不同语境下译者所选择的词汇也有所不同。五个译本都用到了"neighbor"(邻国)或"neighbouring"(邻国的)一词,此外,贾尔斯译本还用到了其近义词"contiguous"(相邻的、邻近的),译出了春秋时期各诸侯国

地理位置邻近的特点。林戊荪译本的用词比较一致,除例 5 根据上下文译为“one”、没有明确译出其称谓之外,其余皆译为“(rulers of the) neighbouring states”(邻国(的统治者))。罗志野译本多数用的是“prince(dom)”(小国或公国的国君、君主),贾尔斯译本在例 2 和例 8 中也用到此词,符合春秋时期各诸侯国众多,因此各国面积都不算大的事实。在例 4 中,罗志野译本还根据具体语境增加了“hostile”(敌对的)一词,格里菲斯、贾尔斯、袁士槟译本也在例 7 中用到了这一词汇,也让读者了解了当时诸侯国割据纷争的情况。此外,贾尔斯译本三处用到了“chieftain”或“chief”,此词的意思是部落或氏族的首领、酋长,然而,春秋时期的中国早已脱离了原始社会的部落制度,是奴隶社会逐渐瓦解、封建社会逐步形成的时期,这一译法不符合当时社会的政治制度。贾尔斯译本在例 2 中增加了“feudal”(封建的)一词,就比较符合当时的社会状况。格里菲斯译本和袁士槟译本在例 5 中也用到了“feudal”,译为“feudal lord”,“lord”指英国的贵族或中世纪欧洲的领主、庄园主,译者将中国春秋时期的称谓替换为欧洲中世纪的称谓,用目的语文化代替源语文化。同样,袁士槟译本在例 4 中译为“duke”,“duke”意为公爵或旧时欧洲某些地区独立的小国或公国的君主,与中国春秋时期“诸侯”的情形并不相同,此类的替换虽有利于西方读者理解,却也使读者失去了解中国称谓文化的机会,不利于中国文化的传播。但贾尔斯大量的注解和格里菲斯的脚注却是有利于译文读者对原文的理解的。

(9)大吏怒而不服,遇敌怼而自战,将不知其能,曰崩。(《孙子兵法·地形篇》)

A. When senior officers are angry and insubordinate, and on encountering the enemy rush into battle with no understanding of the feasibility of engaging and without awaiting orders from the commander, the army is in a state of collapse.

Ts' ao Ts' ao: 'Senior officers' means subordinate generals. If… in a rage they attack the enemy without measuring the strength of both sides, then the army is assuredly in a state of collapse. (Samuel Griffith)

B. When the higher officers are angry and insubordinate, and on meeting the enemy give battle on their own account from a feeling of resentment, before the commander-in-chief can tell whether or no he is in a position to fight, the result is RUIN.

[Wang Hsi's note is: "This means, the general is angry without cause, and at the same time does not appreciate the ability of his subordinate officers; thus he arouses fierce resentment and brings an avalanche of ruin upon his head."] (Lionel Giles)

C. When officers are angry and insubordinate, and on encountering the enemy rush into battle with no understanding of the feasibility of engaging and without awaiting orders from the commander, the army is in distress. (袁士槟)

D. If a frontline officer gets into a rage and becomes insubordinate and, on encountering the enemy, allows his resentment to spur him into unauthorized engagements, and the commander has no idea of that officer's capabilities, the result will be ruin. (林戊荪)

E. When some senior officers have grudges against the commander, they are insubordinate. When they encounter the enemy, they rush into battle without authorization. If at the same time, the commander is ignorant of their abilities, the army will collapse. (罗志野)

孙武论述了导致战争失败的六种情况,此例为其中一种:下级将领怨怒,擅自出战,而主将又因不了解他们的能力而加以阻止,最终必然溃不成军。此例中出现了一个职务称谓:"大吏"。"大吏"是古代军队中的下级将领,并非高级将领。曹操的注释也可以证明这一点。曹操注:"大吏,小将也。"因此,格里菲斯、贾尔斯、罗志野的译文"higher/senior officers"(高级将领)显然不符合原意。袁士槟译本的"officers"(军官,官员)则忽略了官员的级别。林戊荪译本的"frontline officers"(前线将领)也与原文有出入。这五个译本都未能传递这一中国古代称谓文化。格里菲斯虽然译为"senior officers",但在随后曹操注释的翻译中,格里菲斯解释了"大吏"实际上是下级将领,罗志野也在注家的注解翻译中使用了"subordinate officers"(下级军官)一词,使译文读者有机会了解这一中国古代的职务称谓。

(10)夫霸王之兵,伐大国,则其众不得聚。(《孙子兵法·九地篇》)

A. Now when a Hegemonic King attacks a powerful state he makes it impossible for the enemy to concentrate.

Mei Yao-ch'en: In attacking a great state, if you can divide your enemy's forces your strength will be more than sufficient.

Footnote: This verse and the next present problems. Chang Yü thinks the verse means that if the troops of a Hegemonic King (or a ruler who aspires to such status) attack hastily (or recklessly, or without forethought) his allies will not come to this aid. The other commentators interpret the verse as I have. (Samuel Griffith)

B. When a warlike prince attacks a powerful state, his generalship shows itself in preventing the concentration of the enemy's forces.

[Mei Tao-ch`en constructs one of the chains of reasoning that are so much affected by the Chinese: "In attacking a powerful state, if you can divide her forces, you will have a superiority in strength; if you have a superiority in strength, you will overawe the enemy; if you overawe the enemy, the neighboring states will be frightened; and if the neighboring states are frightened, the enemy's allies will be prevented from joining her." The following gives a stronger meaning: "If the great state has once been defeated (before she has had time to summon her allies), then the lesser states will hold aloof and refrain from massing their forces." Ch`en Hao and Chang Yu take the sentence in quite another way. The former says: "Powerful though a prince may be, if he attacks a large state, he will be unable to raise enough troops, and must rely to some extent on external aid; if he dispenses with this, and with overweening confidence in his own strength, simply tries to intimidate the enemy, he will surely be defeated." Chang Yu puts his view thus: "If we recklessly attack a large state, our own people will be discontented and hang back. But if (as will then be the case) our display of military force is inferior by half to that of the enemy, the other chieftains will take fright and refuse to join us. "]（Lionel Giles）

C. Now, when a hegemonic king attacks a powerful state, he makes it impossible for the enemy to concentrate his troops.（袁士槟）

D. When the army of a hegemonic leader attacks a large state, it does not allow its enemy the time to assemble his forces.（林戊荪）

E. If an overlord's army attacks a strong state, even the strong state cannot collect its strength to resist.（罗志野）

此句意为:"'霸王'的军队,攻伐大国,能使其军民来不及调动和集结。"此例中孙武解释了什么才是强大的军队,并强调了发展自己国家实力的重要性。此例中的"霸王"这一称谓与现代汉语的意思有所不同。现代汉语的"霸王"多含贬义,指横行霸道蛮不讲理者。而春秋时期,诸侯会盟的首领叫"霸",在春秋时代出现五个强盛的诸侯,也就是所谓的春秋五霸,自此,"霸"字成为一方强权的称号。诸侯的共主,也就是最高统治者叫"王"。"霸王"在这里泛指称雄者。贾尔斯译为"warlike prince"(好战的国君),显然不符合原意。格里菲斯和袁士槟译为"hegemonic king"(掌握霸权的君主),林戊荪、罗志野分别译为"hegemonic leader"(掌握霸权的领导人)、"overlord"(昔日的封建君主、大领主),都可以表达原意。而且,格里菲斯和贾尔斯在随后的注释翻译和脚注中详细解释了此句的含义,并给出了不同注家的不同理解,利于译文读者更深刻地理解孙武的军事思想。

(11)必先知其守将、左右、谒者、门者、舍人之姓名。(《孙子兵法·用间篇》)

A. you must know the names of the garrison commander, the staff officers, the ushers, gate keepers, and the bodyguards.

Tu Mu: If you wish to conduct offensive war you must know the men employed by the enemy. Are they wise of stupid, clever or clumsy? Having assessed their qualities, you prepare appropriate measures. When the King of Han sent Han Hsin,

Ts'ao Ts'an, and Kuan Ying to attack Wei Pao he asked: 'Who is the commander-in-chief of Wei?' The reply was: 'Po Chih.' The King said: 'His mouth still smells of his mother's milk. He cannot equal Han Hsin. Who is the cavalry commander?' The reply was: 'Feng Ching.' The King said: 'He is the son of General Feng Wu-che of Ch'in. Although worthy, he is not the equal of Kuan Ying. And who is the infantry commander?' The reply was: 'Hsiang T'o.' The king said: 'He is no match for Ts'ao Ts'an. I have nothing to worry about.' (Samuel Griffith)

B. it is always necessary to begin by finding out the names of the attendants, the aides-de-camp,

[Literally "visitors", is equivalent, as Tu Yu says, to "those whose duty it is to keep the general supplied with information," which naturally necessitates frequent interviews with him.]

and door-keepers and sentries of the general in command.

[As the first step, no doubt towards finding out if any of these important functionaries can be won over by bribery.] (Lionel Giles)

C. it is necessary to find out the names of the garrison commander, the aides-de-camp, the ushers, gatekeepers and bodyguards. (袁士槟)

D. it is always necessary to begin by finding out the identities of the garrison commander, his staff officers, retainers, gate-keepers and guards. (林戊荪)

E. you must find out first the name of the chief garrison commander, his aides-de-camp, trusted followers, ushers, gatekeepers and bodyguards. (罗志野)

此例中孙武论述了在袭击敌军、攻打城池、暗杀敌军将领之前熟悉敌军内部人员的重要性。此句出现了四个称谓语:"左右"、"谒者"、"门者"、"舍人"。"左右"此处指守将身边的近侍,与现代汉语中表示方位和概数的意思差别较大。《左传·昭公六年》有"左右谄谀",《史记·廉颇蔺相如列传》有"左右欲刃相如,相如张目叱之,左右皆靡。"可见,"左右"在古汉语中意为在旁侍候的人,近侍。贾尔斯译为“attendant”(随从、跟班),袁士槟、罗志野译为“aides-de-camp”(副官、侍从武官、助手),都符合原意。格里菲斯、林戊荪译为“staff officers”(参谋),就没有原文近侍的意思了。“谒者”指国君左右负责传达通报情况、命令的官员。贾尔斯译为“aides-de-camp”,也符合原意。格里菲斯、袁士槟、罗志野译为“usher”(引座员、招待员、迎宾员),林戊荪译为“retainer”(服务多年的仆人),就未免有失偏颇了。“门者”是负责守城门的官吏。无论是贾尔斯译本的“door-keeper”,还是其余四个译本的“gate(-)keeper”都是指看门人,符合原意。“舍人”指守将的幕僚、左右亲信或门客。如《周礼·地官·舍人》对这一官职进行了介绍:“舍人掌平宫中之政,分其财守,以灋掌其出入者也。”《史记·廉颇蔺相如列传》中也有记载:“蔺相如者,赵人也。为赵宦者令缪贤舍人。”因此,不管是贾尔斯译本的“sentry”(哨兵),还是格里菲斯、袁士槟、罗志野译本的“bodyguard”(保镖、护卫)、林戊荪译本的“guard”(卫兵、警卫)都与“舍人”这一称谓语的官职不符,未能有效传递中国古代称谓文化。但格里菲斯翻译了杜牧的注解,详细解释了此句,指出这些称谓语都属于“the men employed by the enemy”(敌军雇佣的人员)并以具体的历史故事进行阐释,贾尔斯也在注解中解释了此句的含义,利于读者更深入地理解原文。

4.4 宗教文化英译

宗教文化是一个国家或社会文化的重要组成部分。不同文化有不同的宗教,各自反映出不同的社会文化。在中国,人们信奉的宗教主要是佛教、道教和儒教。中国传统文化典籍中几乎都能看到宗教文化的影子,如《西游记》里的玉皇大帝、菩萨、佛祖等,《红楼梦》里的神仙道士、和尚、佛经、莲台、五台山等。《红楼梦》中《好了歌》反复出现的“神仙”一词,杨宪益、戴乃迭夫妇译为“immortals”(不朽的人物),将其不朽、永生的内涵表达出来,保留了原文的宗教文化。而霍克斯、闵福德译为基督教中的“salvation”((对人的灵魂的)拯救、超度)。类似的还有"经"的翻译。"经"是指佛经,杨宪益、戴乃迭夫妇译为"sutra"(佛经),霍克斯和闵福德仍是把佛教概念转换成了基督教概念,译为"scripture"(圣经),虽易于读者理解,但没有再现中国宗教文化的内涵,使读者无法领略中国宗教文化的独特性。在霍译本中,类似的例子有很多。再如"西方"一词, 在汉语语境中,大家知道"西方"是佛祖所在的地方,乃极乐世界,但不熟悉中国宗教文化的读者理解起来可能有困难。因此,霍译本译为"the Paradise of the West",增加了英语读者熟悉的"paradise"(天堂、伊甸园、乐园)对"west"进行解释。另外,原文中富含宗教文化的"邪祟",霍译本译为"devil"(基督教中的魔鬼撒旦)。霍译本对宗教文化词汇的处理虽有助于英语读者理解,却使其丧失领略中国宗教文化的机会。再如,"五台山"。"五台山"为中国佛教圣地之一,代指佛家极乐世界。"上五台山"是死亡的委婉说法,即死后成佛,去往西方极乐世界。"顶上五台山"即送终之意。《红楼梦》中第二十二回王熙凤用这个短语来隐喻贾母死后成佛,来奉迎贾母。杨宪益、戴乃迭夫妇音译为"Mount Wutai",并将"五台山"所蕴含的宗教内涵在脚注中表达出来——"Mount Wutai was a holy Buddhist mountain"。霍克斯和闵福德译文将"五台山"翻译为"go to heaven",将佛教的极乐世界变成了基督教的天堂,改变了原文的文化意味,不利于中国宗教文化的传递。

春秋时期的宗教信仰有天神崇拜和祖先崇拜,有社稷、日月、山川等自然崇拜还有其他鬼神崇拜,也因此形成了相对固定的郊社、宗庙及其他祭祀制度。春秋时期宗教最为显著的特征是天神崇拜。其次,因需要供奉祖先等,发展出了非常完备的宗庙祭祀制度。因此,古代国家宗教形成了职业巫师队伍,以进行祭祀和卜筮这两种最主要的宗教活动。《孙子兵法》中也有当时宗教文化的体现。例如:

(1)故知兵之将,生民之<u>司命</u>,国家安危之主也。(《孙子兵法·作战篇》)

A. And therefore the general who understand war is the <u>Minister</u> of the people's fate and arbiter of the nation's destiny. (Samuel Griffith)

B. Thus it may be known that the leader of armies is the <u>arbiter</u> of the people's fate, the man on whom it depends whether the nation shall be in peace or in peril. (Lionel Giles)

C. And the general who understands how to employ troops is the minister of the people's fate and arbiter of the nation's destiny. (袁士槟)

D. Thus the commander who knows how to conduct a war is the arbiter of the people's fate, the man on whom the nation's security depends. (林戊荪)

E. Therefore, the commander who is versed in the art of war is the man to determine the people's fate and to control the security of the nation. (罗志野)

"司命"是中国古代天文学中星宿的名称,即文昌宫第四星。古代传说"司命"是掌握生死的星宿。《宋史·天文志》:"司命二星在虚北……主死亡。"春秋时期人们认为日月星辰皆是"自然神",认为此星宿主灾变生死,后引申为与生命密切相关的人和事物。此句中"司命"用来比喻掌握人民生死命运的人。此句意为:"懂得用兵之道的将帅,掌握着民众的生死,主宰着国家的安危存亡",也说明了将帅的重要性和将帅任命的困难。这一点格里菲斯在注解翻译中已点明。此处五个译本虽译法不同,却都采用了归化的方法,舍弃了其蕴含的宗教文化内涵。除罗志野译为动词"determine"(决定)之外,其余四个译本都译为名词"arbiter"(权威人士;仲裁人、公断人)或"minister"(部长;公使;牧师)。格里菲斯译本和袁士槟译本的"Minister/minister"更是不合原意,因为不管是政府部门的部长、公使或是基督教的牧师都无法主宰生死,无法代替中国古代宗教中的"日月星辰之神",此译法容易引起读者对原文的误解。

(2)微乎微乎,至于无形;神乎神乎,至于无声,故能为敌之司命。(《孙子兵法·虚实篇》)

A. Subtle and insubstantial, the expert leaves no trace; divinely mysterious, he is inaudible. Thus he is master of his enemy's fate.

Ho Yen-hsi: … I make the enemy see my strengths as weaknesses and my weaknesses as strengths while I cause his strengths to become weaknesses and discover where he is not strong…. I conceal my tracks so that none can discern them; I keep silence so that none can hear me. (Samuel Griffith)

B. O divine art of subtlety and secrecy! Through you we learn to be invisible, through you inaudible;

[Literally, "without form or sound," but it is said of course with reference to the enemy.]

and hence we can hold the enemy's fate in our hands. (Lionel Giles)

C. How subtle and insubstantial, that the expert leaves no trace. How divinely mysterious, that he is inaudible. Thus, he is master of his enemy's fate. (袁士槟)

D. So subtle is the expert that he leaves no trace, so mysterious that he makes no sound. Thus, he becomes the arbiter of his enemy's fate. (林戊荪)

E. Be extremely subtle, so subtle that no one can find any trace; be extremely mysterious, so mysterious that no one can hear any information. If one can do so, one can hold the enemy's fate in one's hands. (罗志野)

此句用来形容战术的"虚实"微妙、神奇,能够成为敌人命运的主宰。格里菲斯译本在注解的翻译中详细讲述了"虚实"这一战术,贾尔斯则在注释中解释了"无形"、"无声"的含义,宜于译文读者了解孙武的军事思想。与上例相同,此处五个译本虽译法不同,有翻译为短语"in our/one's hands"(在……控制之下)、"be master of"(完全控制、掌握……)的,有翻译为名词"arbiter"(权威人士;仲裁人、公断人)的,却都舍弃了其蕴含的宗教文化内涵,不利于读者了解中国古代宗教文化。

(3)先知者,不可取于鬼神,不可象于事,不可验于度。(《孙子兵法·用间篇》)

A. What is called 'foreknowledge' cannot be elicited from spirits, nor from gods, nor by analogy with past events, nor from calculations. (Samuel Griffith)

B. Now this foreknowledge cannot be elicited from spirits; it cannot be obtained inductively from experience, nor by any deductive calculation. (Lionel Giles)

C. This 'foreknowledge' cannot be elicited from spirits, nor from gods, nor by analogy with past events, nor by astrologic calculations. (袁士槟)

D. This "foreknowledge" cannot be obtained from ghosts or spirits, nor from gods, nor by analogy with past events, nor from astrological calculation. (林戊荪)

E. Such fore-knowledge cannot be obtained from ghosts and spirits, cannot be had from analogous experiences, cannot be found by calculation the positions of the sun, the moon and stars. (罗志野)

此句意为:"事先了解敌情,不可祈求于鬼神,不可类比推测,不可用日月星辰运行的度数去验证,只能从知道敌情的人身上去了解。"由此,我们也能看出孙武的唯物主义思想,他对于当时盛行的通过祈求鬼神、占星等宗教活动去决定战争胜负的态度实际上是排斥的,因为这些活动无助于战争的胜利。"鬼神"一词的翻译,五个译本都用到了"spirits"(灵魂;鬼魂、幽灵),格里菲斯译本、袁士槟译本增加了"gods"(神),罗志野译本增加了"ghosts"(鬼、幽灵),林戊荪译本则三个词汇都用到了。由此看来,贾尔斯、罗志野译本缺少了"神"一词的译文。"不可验于度"指不能用征验星辰运行度数的办法去求知敌情。"度"指日月星辰运行的度数,即位置。古人相信日月星辰的不同方位有着不同的含义,预示着现实生活中的事件,因此古人多用来预测战争胜负、国家兴亡、个人命运等。在此,格里菲斯、贾尔斯分别意译为"calculation"(计算)、"deductive calculation"(推论、演绎),彻底舍弃了原文所蕴含的宗教文化,虽然有利于读者理解,却也使英语读者失去了了解中国宗教文化的机会。袁士槟和林戊荪都译为"astrological calculation",保留了"占星学的"(astrological)一词,但却没有进一步的解释,不利于译文读者对中国古代宗教的深入理解。而罗志野译本则详细解释了"度"——"the positions of the sun, the moon and stars"(太阳、月亮和星辰的位置),较好地传递了原文所蕴含的文化信息。

(4)禁祥去疑,至死无所之。(《孙子兵法·九地篇》)

A. He prohibits superstitious practices and so rids the army of doubts. Then until the moment of death there can be no troubles.

Ts'ao Ts'ao: Prohibit talk of omens and of supernatural portents. Rid plans of doubts and uncertainties.

Chang Yü: The *Ssu-ma Fa* says: ‘Exterminate superstitions.’ (Samuel Griffith)

B. Prohibit the taking of omens, and do away with superstitious doubts. Then, until death itself comes, no calamity need be feared.

[The superstitious, “bound in to saucy doubts and fears,” degenerate into cowards and “die many times before their deaths.” Tu Mu quotes Huang Shih-kung: “‘Spells and incantations should be strictly forbidden, and no officer allowed to inquire by divination into the fortunes of an army, for fear the soldiers’ minds should be seriously perturbed.’ The meaning is,” he continues, “that if all doubts and scruples are discarded, your men will never falter in their resolution until they die.”] (Lionel Giles)

C. Prohibit superstitious doubts and do away with rumours; then nobody will flee even facing death. (袁士槟)

D. Proscribe talk of omens and free the troops from apprehensions and they will not desert their units even till death. (林戊荪)

E. You should prohibit superstition and dispel rumors and suspicion among your soldiers, then they will not desert the army even in the face of death. (罗志野)

这又是一个能够佐证孙武唯物主义思想的例子。他主张“禁祥去疑”，只有这样，士卒即便到死也不会逃避。“祥”是吉凶的预兆，这里指春秋时期盛行的占卜之类的迷信活动。春秋时期，人们经常用卜筮来预测某些事项的吉凶。贾尔斯、林戊荪直译为“omen”(征兆、预兆)，这样可能读者不会理解春秋时期的这种卜筮活动，而格里菲斯、袁士槟、罗志野则意译为“superstitious practices”(迷信行为)、“superstitious doubts”(迷信的怀疑)、“superstition”(迷信)，有助于读者理解这是一种迷信活动，格里菲斯还翻译了曹操和张预的注解，贾尔斯则翻译了杜牧的注解，以帮助译文读者更好地理解原文。当然，如果能用文外作注的方法对占卜这一春秋时期的迷信活动进行详细解释则更有利于中国宗教文化的传递。

（5）故五行无常胜……（《孙子兵法·虚实篇》）

A. Of the five elements, none is always predominant. （Samuel Griffith）

B. The five elements (water, fire, wood, metal, earth) are not always equally predominant…(Lionel Giles)

[That is, as Wang Hsi says: "they predominate alternately."]

C. Of the five elements [water, fire, mental, wood, and earth], none is always predominant… （袁士槟）

D. None of the five elements of nature (*wuxing* 五行) is ever predominant…

Footnote: *Wuxing*, a terminology first used by philosophers of the *yin-yang* school to characterize the universe. It contains five elements, bearing the characteristics of: wood, fire, earth, metal and water. Each is supposed to prevail over another only to be prevailed over. （林戊荪）

E. It is just like *Wuxing* (the five elements), of which none is forever dominant…

Footnote: Classic Chinese philosophy calls Metal, Wood, Water, Fire and Earth the five elements. The five elements represent five states of forces of expansion or condensation. （罗志野）

此例中孙武用自然现象类比用兵的规律，用兵的规律如五行相生相克，是永远不断变化的。“五行”，即金、木、水、火、土。古人认为万物都是由这五种物质构成的，并认为它们之间“相生相胜”。所谓“相生”，即木生火，火生土，土生金，金生水，水生木。所谓“相胜”，即“相克”，指金胜木，木胜土，土胜水，水胜火，火胜金，这样相生相胜，其中哪一个也不可能永远独胜。春秋时期的蔡墨最早提出了属性论五行相胜（克）相生的思想。五行学说是中国自古以来道学的一种系统观，在中国古代非常盛行，与西方古代的地、水、火、风四元素学说类似，被广泛地用于中医学、堪舆、命理、相术和占卜等方面。中医用其解释病理生理现象；思想家以之为万物之源；迷信的人则用来推算命运，趋吉避凶。孙武以五行的相生相克,没有一种物质是可以永远胜利的来借喻用兵策略奇妙莫测。罗志野译本采用的是音译的方法,译为“*Wuxing*”,与林戊荪译本一样用斜体表示其文化特殊性,并采用了文内注和脚注的方法解释了“五行”所包含的五个要素及其相关背景知识。格里菲斯、贾尔斯、袁士槟都直译为“five elements”(五要素),贾尔斯和袁士槟还以文内注的方法解释了这五种要素。而且贾尔斯还在注解中解释了这句话的含义。林戊荪译本则给“five elements”加上了修饰语“of nature”(自然的),并注明了其汉语拼音和汉字,更加详尽。不仅如此,还在脚注中详细解释了这一具有中国文化特色的词汇,有效传递了中国宗教文化。

4.5 语言文化英译

每种语言都有自己独特的语言个性。汉语有其独特的特点,像四种声调、多音字、四字成语等文字特点,以及对偶、顶真、回环等修辞手法。据统计,汉语的修辞手法共有 63 大类,78 小类。常见的修辞手法有:比喻、比拟(分为拟人、拟物)、借代、夸张、对偶、排比、设问、反问(又名激问、反诘、诘问)、引用、反语、对比、反复、双关、联想、顶真、通感、互文、回环、移情、呼告等。中国传统文化典籍中有很多修辞手法的使用,如《论语》中的对偶句“周而不比,比而不周”、《红楼梦》中的双关语“葫芦案”、仿词“贾宝玉”与“假宝玉”、“云哥儿”与“雨哥儿”、“宝姑娘”与“贝姑娘”等。囿于汉英语言的差异,这些修辞手法都很难在译文中再现出来。

《孙子兵法》不仅以其先进的军事思想闻名于世,其优美的语言、丰富的修辞手法也是其得以流传千古的一个重要原因。日本人称孙武为“东方第一流的大文豪”。《文心雕龙》的作者刘勰,南朝梁著名文学理论批评家夸赞其“辞如珠玉，岂以习武而不晓文也"，既是兵学理论的经典，又是文学艺术中的上乘之作①。书中使用了比喻、夸张、对偶、排比、设问、反问、引用、顶真等一系列的修辞手法，在修辞史上功不可没，众多修辞手法的运用，增加了本书的形象性、文学性和说服力，使人领略到语言之美。那么，在其英译过程中，这些优美的语言能否得以保留和再现，使目的语读者也领略到源语的语言之美呢？下面笔者选取几例就这些修辞手法的翻译进行探讨。

（一）比喻 比喻即以甲事物来比拟乙事物。根据其本体、喻体和比喻词三个成分的不同又可分为明喻、隐喻（暗喻）和借喻三类。《孙子兵法》中有很多比喻，让深奥的道理形象化，易于读者理解和接受。例如：

（1）将不胜其忿，而蚁附之，杀士三分之一，而城不拔者，此攻之灾也。（《孙子兵法·谋攻篇》）

A. If the general is unable to control his impatience and orders his troops to swarm up the wall like ants, one-third of them will be killed without taking the city. Such is the calamity of these attacks.

Tu Mu: … In the later Wei, the Emperor T'ai Wu led one hundred thousand troops to attack the Sung general Tsang Chih at Yu T'ai. The Emperor first asked Tsang Shih for some wine. Tsang Chih sealed up a pot full of urine and sent it to him. T'ai Wu was transported with rage and immediately attacked the city, ordering his troops to scale the walls and engage in close combat. Corpses piled up to the top of the walls and after thirty days of this the dead exceeded half his force. (Samuel Griffith)

B. The general, unable to control his irritation, will launch his men to the assault like swarming ants,

[This vivid simile of Ts'ao Kung is taken from the spectacle of an army of ants climbing a wall. The meaning is that the general, losing patience at the long delay,

① 吴如嵩主编：《孙子兵法辞典》，白山出版社 1995 年版，第 168 页。

may make a premature attempt to storm the place before his engines of war are ready.]

with the result that one-third of his men are slain, while the town still remains untaken. Such are the disastrous effects of a siege.

[We are reminded of the terrible losses of the Japanese before Port Arthur, in the most recent siege which history has to record.](Lionel Giles)

C. The general, unable to control his impatience, will order his troops to swarm up the wall like ants, with the result that one-third of them will be killed without taking the city. Such is the calamity of attacking cities. (袁士槟)

D. The commander who loses his patience orders his troops to assault like swarming ants, with the result that one third of his men are slain and the city remains untaken. Such is the calamity of attacking walled cities. (林戊荪)

E. If the commander cannot control his impatience and orders his soldiers to swarm up the city wall like ants, the result will be that one-third of them will be killed while the city remains untaken. This is, in fact, the calamity of attacking cities. (罗志野)

此例中孙武论述了将帅要控制自己愤怒的情绪,不能让士卒像蚂蚁一样去爬城攻击,做无谓的牺牲,间接地表达了战争中谋略的重要性。"蚁附"是古代作战的一种形式。因为士兵缘梯攀登城墙像蚂蚁一样,所以称为蚁附。原文用的是暗喻,五个译文都译为明喻,用了比喻词"like"(像),而且加上了"swarm(ing)"(成群地移动),以文内明示的方法帮助读者理解这个比喻。格里菲斯和袁士槟译为"swarm up the wall like ants",将此作战形式更清晰地呈现给读者。罗志野译为"swarm up the city wall like ants",指出爬的是城墙,意义更加明确。格里菲斯更是翻译了杜牧的注解,详述了与"蚁附"相关的历史上的战争实例。贾尔斯也在注释中详细解释了这一修辞的含义,并增加相关战争实例使译文读者更容易理解孙武的战术思想。

(2)故举秋毫不为多力。(《孙子兵法·形篇》)

A. for to lift an autumn down requires no great strength.

Chang Yü: By ‘autumn down’ Sun Tzu means rabbits’ down, which on the coming of autumn is extremely light.

Footnote: To win a hard-fought battle or to win one by luck is no mark of skill. (Samuel Griffith)

B. To lift an autumn hair is no sign of great strength.

[“Autumn hair” is explained as the fur of a hare, which is finest in autumn, when it begins to grow afresh. The phrase is a very common one in Chinese writers.] (Lionel Giles)

C. Neither is it if you triumph in battle and are universally acclaimed ‘expert’, for to lift an autumn down requires no great strength. (袁士槟)

D. It is like lifting a strand of animal hair in autumn (tr.: Animal hair is very fine and light in autumn.), which is no sign of strength. (林戊荪)

E. He who can lift a very light hair is not the one with unusual strength. (罗志野)

原文用了暗喻的修辞手法,孙武以此来说明通过激烈残酷的战斗取得胜利并不是最高明的。对“秋毫”这一暗喻修辞手法,五个译本的处理方式有所不同。“秋毫”是鸟兽在秋天新长出来御寒的细毛,这里用来比喻物体极轻微细小。格里菲斯、贾尔斯、袁士槟采用异化的方法,译为“an autumn hair/down”。而且,格里菲斯翻译了张预的注解,指出“秋毫是兔子的毛,在秋天时是非常轻的”,还在脚注中解释了此修辞的内涵意义,贾尔斯也用文外作注的方式很好地传递了原文内容。林戊荪则将暗喻译为明喻,用了比喻词“like”(像),并且用文内注的方法进行了解释:动物的毛发在秋天非常轻、细小。罗志野则译为“a very light hair”(非常轻的毛发),舍弃了原文的比喻。相较之下,格里菲斯、贾尔斯和林戊荪译本的处理方式值得提倡,既利于读者理解,又传递了原文的语言文化。

(3)兵之所加,如以碫投卵者,虚实是也。(《孙子兵法·势篇》)

A. Troops thrown against the enemy as a grindstone against eggs is an example of a solid acting upon a void.

Ts'ao Ts'ao: Use the most solid to attack the most empty. (Samuel Griffith)

B. That the impact of your army may be like a grindstone dashed against an egg—this is effected by the science of weak points and strong. (Lionel Giles)

C. Troops thrown against the enemy as a grindstone against eggs is an example of a solid acting upon a void. (袁士槟)

D. By staying clear of the enemy's strong points and striking at his weak points, it is able to fall upon the enemy like using a whetstone to crush an egg. (林戊荪)

E. Troops thrown against the enemy like a grindstone against eggs is a matter of staying clearing the enemy's main forces and striking at his weak points. (罗志野)

"碫"即磨刀石,此处泛指坚硬的石头。《说文》记载:"碫,厉石也。""卵"是动物的蛋。"以碫投卵"比喻以坚击脆,以实击虚。孙武用此修辞手法比喻军队进攻时要遵循"避实就虚"的原则。五个译本都采用异化的方法再现了原文的明喻手法,译为"a grindstone dashed/against eggs"或"using a whetstone to crush an egg"。格里菲斯在曹操注解的翻译中解释了此句的含义,利于译文读者理解原文的修辞手法。

(4)势如彍弩,节如发机。(《孙子兵法·势篇》)

A. His potential is that of a fully drawn crossbow; his timing, the release of the trigger.

Footnote: Here again the specific character meaning 'crossbow' is used. (Samuel Griffith)

B. Energy may be likened to the bending of a crossbow; decision, to the releasing of a trigger.

[None of the commentators seem to grasp the real point of the simile of energy and the force stored up in the bent cross- bow until released by the finger on the trigger.] (Lionel Giles)

C. His potential is that of a fully drawn crossbow; his timing, that of the release of the trigger. (袁士槟)

D. The momentum is similar to that of a fully-drawn crossbow, the speed to that of the arrow leaving the bow. (林戊荪)

E. His potential is like a crossbow that is fully drawn, and his swiftness is like a shaft that is shot off. (罗志野)

"势如彍弩,节如发机"指险峻的态势就像张满的弓弩,迅疾的节奏犹如击发弩机。孙武以此来比喻军队出击时的态势险峻、节奏迅疾、势不可挡。这充分反映出孙武能动造势、以势佐胜的高超的作战指导思想。贾尔斯在注释中解释了明喻这一修辞手法。五个译本在句式上都保留了原文对偶的修辞手法。除格里菲斯、袁士槟译本采用暗喻的手法外,其余三个译本都直译为明喻,将比喻词"如"译为"be likened to"、"is similar to"或"like",传递了原文的语言文化。

(5)夫兵形象水,水之行避高而趋下,兵之形避实而击虚。水因地而制流,兵因敌而制胜。(《孙子兵法·虚实篇》)

A. Now an army may be likened to water, for just as flowing water avoids the heights and hastens to the lowlands, so an army avoids strength and strikes weakness. And as water shapes its flow in accordance with the ground, so an army manages its victory in accordance with the situation of the enemy. (Samuel Griffith)

B. Military tactics are like unto water; for water in its natural course runs away from high places and hastens downwards.

So in war, the way is to avoid what is strong and to strike at what is weak.

[Like water, taking the line of least resistance.]

Water shapes its course according to the nature of the ground over which it flows; the soldier works out his victory in relation to the foe whom he is facing. (Lionel Giles)

C. Now, an army may be likened to water, for just as flowing water avoids the heights and hastens to the lowlands, so an army should avoid strength and strike weakness. And as water shapes its flow in accordance with the ground, so an army manages its victory in accordance with the situation of the enemy.（袁士槟）

D. Now the law governing military operations is as that governing the flow of water, which always evades high points, choosing lower ones instead. To operate the army successfully, we must avoid the enemy's strong points and seek out his weak points, as the water changes its course in accordance with the contours of the terrain, so a warrior changes his tactics in accordance with the enemy's changing situation.（林戊荪）

E. Military tactics are like flowing water. Flowing water always moves from high to low, and military tactics always avoid the enemy's strong points and attack his weak points. Whereas the course of flowing water is decided by the different landforms, the way to win victory in a battle is decided by altering the tactics according to enemy's changing situation.（罗志野）

此例中孙武把用兵的规律比喻为水流的规律,用兵的规律要如同水避开高地流向低处一样,避开敌人的强点击其弱点。水因地形的变化而流向不同,用兵作战也要根据敌情的变化而变化战术。就像水没有固定不变的形态一样,用兵作战没有固定不变的方式方法,只有那些能够根据敌情的变化而取胜的人,才称得上用兵如神。五个译本都保留了原文的明喻修辞手法,用了诸如"like"、"be likened to"、"as"等比喻词,再现了原文的语言美。贾尔斯还在注释中解释了这个比喻,利于译文读者理解这一修辞手法。

(6)故其疾如风,其徐如林,侵掠如火,不动如山,难知如阴,动如雷震。(《孙子兵法·军争篇》)

A. When campaigning, be swift as the wind; in leisurely march, majestic as the forest; in raiding and plundering, like fire; in standing, firm as the mountains. As unfathomable as the clouds, move like a thunderbolt.

Footnote: Adopted as his slogan by the Japanese warrior Takeda Shingen.

(Samuel Griffith)

B. Let your rapidity be that of the wind,

[The simile is doubly appropriate, because the wind is not only swift but, as Mei Yao-ch`en points out, "invisible and leaves no tracks."]

your compactness that of the forest.

[Meng Shih comes nearer to the mark in his note: "When slowly marching, order and ranks must be preserved"—so as to guard against surprise attacks. But natural forest do not grow in rows, whereas they do generally possess the quality of density or compactness.]

In raiding and plundering be like fire,

[Cf. SHIH CHING, IV. 3. iv. 6: "Fierce as a blazing fire which no man can check."]

is immovability like a mountain.

[That is, when holding a position from which the enemy is trying to dislodge you, or perhaps, as Tu Yu says, when he is trying to entice you into a trap.]

Let your plans be dark and impenetrable as night, and when you move, fall like a thunderbolt.

[Tu Yu quotes a saying of T`ai Kung which has passed into a proverb: "You cannot shut your ears to the thunder or your eyes to the lighting—so rapid are they." Likewise, an attack should be made so quickly that it cannot be parried.] (Lionel Giles)

C. When campaigning, be swift as the wind; in leisurely marching, majestic as the forest; in raiding and plundering, be fierce as fire; in standing, firm as the mountains. When hiding, be as unfathomable as things behind the clouds; when moving, fall like a thunderbolt. (袁士槟)

D. When the army advances, it is as swift as the wind; when it is immobile, as still as the forest; when it attacks, as destructive as a fire; when it defends, as immovable as the mountain; when it conceals itself, it is as though hidden behind an overcast sky; and when it strikes, it can be as sudden as a thunderbolt.（林戊荪）

E. So you should be as swirl as strong wind while taking action; you should be as stable as silent, forests which the wind cannot shake while you move slowly; you should be as fierce and violent as raging flames while raiding the enemy's state; you should be as firm as high mountains while being stationed there; you should be as inscrutable as something behind the clouds, and you should strike as suddenly as thunderclap.（罗志野）

此句意为："军队行动迅速时就像疾风骤起，行动舒缓时就像林木森然不乱，攻击敌人时就像烈火炽焚，实施防御时像山岳耸峙。"孙武形象地揭示了军争行动的要旨，对指导军队作战行动颇有借鉴意义。日本战国末年的著名武将武田信玄曾特别挑选出每句话的最后一个字合在一起，成为"风林火山"，用大字绣在军旗上，以醒耳目并振奋军威，因此经常打胜仗。格里菲斯的脚注也提到了这一故事。贾尔斯也用大量的注释解释了原文的含义。原文用六个明喻和四字排比句式来形容军队的行动，不仅增强了文章的表现力和节奏感，也使深奥的道理形象化，让人易于理解和接受。五个译本也都采用直译的手法再现了原文的语言美。

(7)视卒如婴儿，故可以与之赴深溪；视卒如爱子，故可与之俱死。厚而不能使，爱而不能令，乱而不能治，譬若骄子，不可用也。(《孙子兵法·地形篇》)

A. Because such a general regards his men as infants they will march with him into the deepest valleys. He treats them as his own beloved sons and they will die with him.

Li Ch'üan: If he cherishes his men in this way he will gain their utmost strength. Thus, the Viscount of Ch'u needed but to speak a word and the soldiers felt as if clad in warm silken garments.

Footnote: The Viscount commiserated with those suffering from the cold. His words were enough to comfort the men and raise their flagging spirits.

Tu Mu: During the Warring States when Wu Ch'i was a general he took the same food and wore the same clothes as the lowliest of his troops. On his bed there was no mat; on the march he did not mount his horse; he himself carried his reserve rations. He shared exhaustion and bitter toil with his troops.

Chang Yü: ··· Therefore the Military Code says: 'The general must be the first in the toils and fatigues of the army. In the heat of summer he does not spread his parasol nor in the cold of winter don thick clothing. In dangerous places he must dismount and walk. He waits until the army's wells have been dug and only then drinks; until the army's food is cooked before he eats; until the army's fortifications have been completed, to shelter himself.'

Footnote: Military essays and codes were generally entitled *Ping Fa*. Chang Yü does not identify the one from which he quotes. (Samuel Griffith)

B. Regard your soldiers as your children, and they will follow you into the deepest valleys; look upon them as your own beloved sons, and they will stand by you even unto death.

[Cf. I. ss. 6. In this connection, Tu Mu draws for us an engaging picture of the famous general Wu Chǐ, from whose treatise on war I have frequently had occasion to quote: "He wore the same clothes and ate the same food as the meanest of his soldiers, refused to have either a horse to ride or a mat to sleep on, carried his own surplus rations wrapped in a parcel, and shared every hardship with his men. One of his soldiers was suffering from an abscess, and Wu Chǐ himself sucked out the virus. The soldier's mother, hearing this, began wailing and lamenting. Somebody asked her, saying: 'Why do you cry? Your son is only a common soldier, and yet the commander-in-chief himself has sucked the poison from his sore.' The woman replied, 'Many years ago, Lord Wu performed a similar service for my husband, who never left him afterwards, and finally met his death at the hands of the enemy. And now that he has done the same for my son, he too will fall fighting I know not where. '" Li Ch'uan mentions the Viscount of Ch'u, who invaded the small state of Hsiao during the winter. The Duke of Shen said to him: "Many of the soldiers are suffering severely from the cold." So he made a round of the whole army, comforting and encouraging the men; and straightway they felt as if they were clothed in garments lined with floss silk.]

If, however, you are indulgent, but unable to make your authority felt; kind-hearted, but unable to enforce your commands; and incapable, moreover, of quelling disorder: then your soldiers must be likened to spoilt children; they are useless for any practical purpose.

[Li Ching once said that if you could make your soldiers afraid of you, they would not be afraid of the enemy. Tu Mu recalls an instance of stern military discipline which occurred in 219 A. D., when Lu Meng was occupying the town of Chiang-ling. He had given stringent orders to his army not to molest the inhabitants nor take anything from them by force. Nevertheless, a certain officer serving under his banner, who happened to be a fellow-townsman, ventured to appropriate a bamboo hat belonging to one of the people, in order to wear it over his regulation helmet as a protection against the rain. Lu Meng considered that the fact of his being also a native of Ju-nan should not be allowed to palliate a clear breach of discipline, and accordingly he ordered his summary execution, the tears rolling down his face, however, as he did so. This act of severity filled the army with wholesome awe, and from that time forth even articles dropped in the highway were not picked up.] (Lionel Giles)

C. A general regards his men as infants who will march with him into the deepest valleys. He treats them as his own beloved sons and they will stand by him unto death. If a general indulges his men but is unable to employ them, if he loves them but cannot enforce his commands, if the men are disorderly and he is unable to control them, they may be compared to spoiled children, and are useless. (袁士槟)

D. Because he cares for his soldiers as if they were infants, they will follow him through the greatest dangers. Because he loves his soldiers as if they were his own sons, they will stand by him even unto death. However, if the commander indulges his troops to the point he cannot use them, if he dotes on them to the point he cannot enforce his orders, if his troops are disorderly and he is unable to control them, they will be like spoiled children and useless.（林戊荪）

E. If a general cares for his men as he does infants, they will follow him through thick and thin. If he dearly loves his men as he does his own beloved sons, they will be willing to die with him in battle. If a general indulges his men but does not know how to use them, loves them but cannot command them, and when they violate laws and regulations, he fails to punish and manage them, such soldiers are like spoiled children and will be useless for battle.（罗志野）

此例中孙武论述了将帅与士卒的相处之道，他将士卒比作婴儿，对待士卒只有像对待婴儿一样细心体贴，士卒才会同将帅一起共赴患难，像对待自己的爱子一样对待士卒，那么士卒就会同将帅同生共死，但是不能像溺爱子女一样娇惯士卒，只知厚爱而不能役使，只知疼爱而不加管教，甚至违反军纪也不惩处，那是不能用来作战的。格里菲斯和贾尔斯译本在注解的翻译和脚注中也解释了此句的含义，利于译文读者对原文的理解。五个译本都采用直译的手法，还原了原文的明喻修辞手法。

（二）夸张

夸张是对事物的形象、特征、作用、程度等方面有目的地夸大或缩小，以达到某种表达效果的修辞手法。《孙子兵法》中也运用了夸张的修辞手法，以更好地阐明道理，同时增强文章的表现力。例如：

（1）善守者藏于九地之下，善攻者动于九天之上。（《孙子兵法·形篇》）

A. The experts in defence conceal themselves as under the ninefold earth; those skilled in attack move as from above the ninefold heavens. Thus they are capable both of protecting themselves and of gaining a complete victory.

Tu Yu: Those expert at preparing defences consider it fundamental to rely on the strength of such obstacles as mountains, rivers and foothills. They make it impossible for the enemy to know where to attack. They secretly conceal themselves as under the nine-layered ground.

Those expert in attack consider it fundamental to rely on the seasons and the advantages of the ground; they use inundations and fire according to the situation. They make it impossible for an enemy to know where to prepare. They release the attack like a lightning bolt from above the nine-layered heavens.

Footnote: The concept that Heaven and Earth each consist of 'layers' or 'stages' is an ancient one. (Samuel Griffith)

B. The general who is skilled in defense hides in the most secret recesses of the earth;

[Literally, "hides under the ninth earth," which is a metaphor indicating the utmost secrecy and concealment, so that the enemy may not know his whereabouts.]

he who is skilled in attack flashes forth from the topmost heights of heaven.

[Another metaphor, implying that he falls on his adversary like a thunderbolt, against which there is no time to prepare. This is the opinion of most of the commentators.] (Lionel Giles)

C. Those who are skilled in defence hide themselves as under the ninefold earth; [in ancient China, the number nine was used to signify the highest number.] Those in attack flash forth as from above the ninefold heavens. (袁士槟)

D. He who is skilled in defence positions his forces in places as safe and inaccessible as in the depth of the earth, whereas he who is skilled in attack strikes as from the highest reaches of heaven. (林戊荪)

E. Those skilled in defence should hide themselves as if under the ninefold earth; those skilled in attack should strike at the enemy as if from the ninefold heavens. (罗志野)

古人习惯于把“九”作为最大数的概念，“九地”、“九天”在此是用夸张的手法形容极深的地下和极高的天上，以此来说明攻守之道：防守时要隐蔽自己的兵力如同深藏于地下，进攻时要展开自己的兵力如同自九霄而降，如此便能在保全自己的同时夺取胜利。格里菲斯和贾尔斯在随后的注释翻译和脚注中对此句的含义也做了详细解释，有利于译文读者对原文的理解。对此夸张手法，贾尔斯、林戊荪译本采用归化的方法，仅译出其含义，而格里菲斯、袁士槟和罗志野译本则采用异化的方法，译为“the ninefold earth”、“the ninefold heaven”。此外，袁士槟译本还增加了文内注：“在中国古代，数字‘九’代表最大的数字”，对数字“九”的文化背景进行了解释，利于读者理解中国文化。

（2）故善战人之势，如转圆石于千仞之山者，势也。（《孙子兵法·势篇》）

A. Thus, the potential of troops skillfully commanded in battle may be compared to that of round boulders which roll down from mountain heights.

Tu Mu: …Thus one need use but little strength to achieve much.

Chang Yü: …Li Ching said: ‘In war there are three kinds of situation:

‘When the general is contemptuous of his enemy and his officers love to fight, their ambitions soaring as high as the azure clouds and their spirits as fierce as hurricanes, this is situation in respect to morale.’

‘When one takes advantage of the enemy’s laxity, his weariness, his hunger and thirst, or strikes when his advanced camps are not settle, or his army is only half-way across a river, this is situation in respect to the enemy.’

Therefore when using troops, one must take advantage of the situation exactly as if he were setting a ball in motion on a steep slope. The force applied is minute but the results are enormous. (Samuel Griffith)

B. Thus the energy developed by good fighting men is as the momentum of a round stone rolled down a mountain thousands of feet in height. So much on the subject of energy.

[The chief lesson of this chapter, in Tu Mu’s opinion, is the paramount importance in war of rapid evolutions and sudden rushes. “Great results,” he adds, “can thus be achieved with small forces.”] (Lionel Giles)

C. Thus, the energy of troops skilfully commanded in battle may be compared to the momentum of round boulders which roll down from a mountain thousands of feet in height. (袁士槟)

D. Thus the strategic advantage of troops skillfully commanded in battle may be compared to the momentum of round boulders rolling down from mountain heights. (林戊荪)

E. Thus, the force of the skilful general is just like the momentum of a round rock rolling down a mountain of ten thousand feet high. This is the meaning of potential. (罗志野)

“仞”是中国古代的长度单位,“千仞”形容极高。此处用夸张和比喻的修辞手法说明善于指挥作战的人所造成的有利态势如同将圆石从万丈高山上推滚下来那样无可阻挡。格里菲斯在杜牧和张预的注解翻译中详细解释了此句的含义,贾尔斯也翻译了杜牧的注解,利于译文读者对孙武战术思想的理解。五个译本都保留了原文的明喻,将比喻词“如”译为“be compared to”、“like”、“as”等。但对于“千仞之山”的译法有所不同。格里菲斯和林戊荪译为“mountain heights”,省略了长度单位。贾尔斯、袁士槟译为“a mountain thousands of feet in height”,罗志野译为“a mountain of ten thousand feet high”,虽然数字有所不同但都用英语读者熟悉的“foot”(英尺)替换了“仞”,舍弃了原文的文化意象。同前面所分析的“千仞之溪”一样,一仞为八尺(一说为七尺),“foot”是英尺,1 英尺约为 0.9 尺,英尺比“仞”短很多,即使译为“ten thousand”(万),两者的长度也不同,但就夸张这一修辞手法而言,罗志野的译文最接近原文,给读者以山脉“直上青云”的感受。

(三)对偶

对偶是用字数相等、结构形式相同、意义对称的一对短语或句子来表达两个意思相对或相近的修辞方式。对偶整齐匀称,节奏鲜明;音调铿锵,有音乐美;表意凝练集中,概括力强。像中国的诗词和对联等多用对偶手法。中国的文学和文化典籍中对偶修辞手法也俯拾皆是。例如,《论语·为政》中的“君子周而不比,小人比而不周。”意为“守礼的人只讲忠信不合群,小人(不守礼的人)合群但不讲忠信。”亚瑟·韦利、安乐哲和罗思文两个译本都分别通过重复一些词汇,尽量体现原文的语言特色。但相较之下,安乐哲译本不仅在词汇上,在句式上也通过重复尽量体现对偶的修辞手法,传递了原文的语言特色。

《孙子兵法》中的对偶句比比皆是。例如:

(1)辅周则国必强,辅隙则国必弱。(《孙子兵法·谋攻篇》)

A. If this protection is all-embracing, the state will surely be strong; if defective, the state will certainly be weak.

Chang Yü:… The Grand Duke said: ‘A sovereign who obtains the right person prospers. One who fails to do so will be ruined.’ (Samuel Griffith)

B. If the bulwark is complete at all points; the State will be strong; if the bulwark is defective, the State will be weak.

[As Li Ch'uan tersely puts it: “Gap indicates deficiency; if the general's ability is not perfect (i. e. if he is not thoroughly versed in his profession), his army will lack strength.”] (Lionel Giles)

C. If this assistance is all-embracing, the state will surely be strong; if defective, the state will certainly be weak. (袁士槟)

D. His proficiency in war can make the country strong, his deficiency make it weak. (林戊荪)

E. If he assists the ruler to govern the nation well, the nation will surely be powerful; if he does not assist the ruler to govern the nation well, it will certainly be weak. (罗志野)

此例意为:“辅助周密,国家就一定强盛;辅助有缺陷,国家就一定衰弱。”孙武以此来阐述将帅对国家君主的辅佐作用。格里菲斯在张预注解的翻译中也解释了此句的含义。贾尔斯也通过翻译注家注释的方式帮助译文读者理解。

在《孙子兵法》中,国家与军事的关系是以君与将关系的形式来表达的,君与将是“主”与“辅”的关系。将帅有能力,具备“智、信、仁、勇、严”的将德,则主安而国强。将帅是一切军事活动的中枢无论建设军队、管理军队,还是指挥作战,都起着主导作用。因此孙子说:“知兵之将,民之司命,国家安危之主也。”原文字数相等、结构相同,都为“辅……则国必……”的句式,而“周”与“隙”相对、“强”与“弱”相对。除格里菲斯、袁士槟和林戊荪译本为了避免重复在后半句省略了一些词之外,其余的用词和句式都再现了原文的语言美。

(2)故君之所以患于军者三:不知军之不可以进而谓之进,不知军之不可以退而谓之退,是谓縻军;不知三军之事而同三军之政者,则军士惑矣;不知三军之权而同三军之任,则军士疑矣。(《孙子兵法·谋攻篇》)

A. Now there are three ways in which a ruler can bring misfortune upon his army:

Footnote: Here I have transposed the characters meaning ‘ruler’ and ‘army’, otherwise the verse would read that there are three ways in which an army can bring misfortune upon the sovereign.

When ignorant that the army should not advance, to order an advance or ignorant that it should not retire, to order a retirement. This is described as ‘hobbling the army’.

Chia Lin: The advance and retirement of the army can be controlled by the general in accordance with prevailing circumstance. No evil is greater than commands of the sovereign from the court.

When ignorant of military affairs, to participate in their administration. This causes the officers to be perplexed.

Ts'ao Ts'ao: … An army cannot be run according to rules of etiquette.

Tu Mu: As far as propriety, laws, and decrees are concerned, the army has its own code, which it ordinarily follows. If these are made identical with those used in governing a state the officers will be bewildered.

Chang Yü: Benevolence and righteousness may be used to govern a state but cannot be used to administer an army. Expediency and flexibility are used in administering an army, but cannot be used in governing a state.

When ignorant of command problems to share in the exercise of responsibilities. This engenders doubts in the minds of the officers.

Wang Hsi:… If one ignorant of military matters is sent to participate in the administration of the army, then in every movement there will be disagreement and mutual frustration and the entire army will be hamstrung. That is why Pei Tu memorialized the throne to withdraw the Army Supervisor; only then was he able to pacify Ts' ao Chou.

Chang Yü: In recent times court officials have been used at Supervisors of the Army and this is precisely what is wrong.

Footnote: Lit. 'Not knowing [or 'not understanding' or 'ignorant of'] [where] authority [lies] in the army'; or 'ignorant of [matters relating to exercise of] military authority…'. The operative character is 'authority' or 'power'. (Samuel Griffith)

B. There are three ways in which a ruler can bring misfortune upon his army:—

(1) By commanding the army to advance or to retreat, being ignorant of the fact that it cannot obey. This is called hobbling the army.

[Li Ch'uan adds the comment: "It is like tying together the legs of a thoroughbred, so that it is unable to gallop." One would naturally think of "the ruler" in this passage as being at home, and trying to direct the movements of his army from a distance. But the commentators understand just the reverse, and quote the saying of T'ai Kung: "A kingdom should not be governed from without, and army should not be directed from within." Of course it is true that, during an engagement, or when in close touch with the enemy, the general should not be in the thick of his own troops, but a little distance apart. Otherwise, he will be liable to misjudge the position as a whole, and give wrong orders.]

(2) By attempting to govern an army in the same way as he administers a kingdom, being ignorant of the conditions which obtain in an army. This causes restlessness in the soldier's minds.

[Ts`ao Kung's note is, freely translated: "The military sphere and the civil sphere are wholly distinct; you can't handle an army in kid gloves." And Chang Yu says: "Humanity and justice are the principles on which to govern a state, but not an army; opportunism and flexibility, on the other hand, are military rather than civil virtues to assimilate the governing of an army"—to that of a State, understood.]

(3) By employing the officers of his army without discrimination,

[That is, he is not careful to use the right man in the right place.]

through ignorance of the military principle of adaptation to circumstances. This shakes the confidence of the soldiers.

[I follow Mei Yao-ch`en here. The other commentators refer not to the ruler, as in SS. 13, 14, but to the officers he employs. Thus Tu Yu says: "If a general is ignorant of the principle of adaptability, he must not be entrusted with a position of authority." Tu Mu quotes: "The skillful employer of men will employ the wise man, the brave man, the covetous man, and the stupid man. For the wise man delights in establishing his merit, the brave man likes to show his courage in action, the covetous man is quick at seizing advantages, and the stupid man has no fear of death."]
(Lionel Giles)

C. Now, where are three ways in which a sovereign can bring misfortune upon his army:

1 When ignorant that the army should not advance, to order an advance; or when ignorant that it should not retire, to order a retirement. This is described as 'hobbling the army'.

2 When ignorant of military affairs, to interfere in their administration. This

causes the officers to be perplexed.

3 When ignorant of command problems, to interfere with the direction of fighting. This engenders doubts in the minds of the officers. (袁士槟)

D. There are three ways by which a sovereign may bring disaster to his army:

One, he arbitrarily orders his army to advance or retreat when in fact it should not, thus hampering the initiative of the army.

Two, he interferes with the administration of the army when he is ignorant of its internal affairs, thus causing confusion among the officers and men.

Three, he interferes with the officers' command, unaware of the principle that an army should adopt different tactics according to different circumstances. This will create misgivings in the minds of the officers and men. (林戊荪)

E. A ruler may bring great misfortune upon his army in three ways. Firstly, if he orders an advance not knowing that his army cannot go forward, or orders a retreat while being ignorant that his army cannot fall back, his orders will, of course, tie down the army. Secondly, if he interferes with the administration of the army without understanding the internal affairs of it, his action will, of course, baffle his officers and soldiers. Thirdly, when he interferes with the direction of the army without knowing the principles of military stratagem, it will, of course, raise doubts and misgivings in the minds of the officers and soldiers. (罗志野)

此例用了两组对偶的句子来阐述国君不利于军队的三种情形:随意让军队进攻、随意让军队撤退、干涉军队的行政和指挥,这样做的后果只能是扰乱军心、自寻死路。格里菲斯和贾尔斯翻译了几位注家的注解,尽力还原原文,使译文读者更好地理解孙武的军事思想。第一组句式为"不知军之不可以……而谓之……","进"和"退"相对。除贾尔斯、林戊荪译本将两个分句合译为一句外,其余三个译本都保留了原文对偶的修辞手法。第二组句式为"不知三军之……而同三军之……,则军士……矣"。除林戊荪译本两个分句用词和句式稍有不同外,其余三个译本都还原了原文对偶的修辞手法。

(3)故善动敌者,形之,敌必从之;予之,敌必取之。以利动之,以卒待之。(《孙子兵法·势篇》)

A. Thus, those skilled at making the enemy move do so by creating a situation to which he must conform; they entice him with something he is certain to take, and with lures of ostensible profit they await him in strength. (Samuel Griffith)

B. Thus one who is skillful at keeping the enemy on the move maintains deceitful appearances, according to which the enemy will act. He sacrifices something, that the enemy may snatch at it. By holding out baits, he keeps him on the march; then with a body of picked men he lies in wait for him. (Lionel Giles)

C. Thus, one who is skilled at making the enemy move does so by creating a situation, according to which the enemy will act. He entices the enemy with something he is certain to want. He keeps the enemy on the move by holding out bait and then attacks him with picked troops. (袁士槟)

D. Thus, those who are skilled in keeping the enemy on the move puzzle him with deceptive appearances according to which he will react. They lure the enemy with baits which he is certain to take. In doing so, they keep the enemy on the move and pounce on him at the right moment. (林戊荪)

E. Therefore, he who is adept at moving the enemy about can put on a deceitful appearance, according to which the enemy will act. He can lure the enemy with something profitable, which the enemy is certain to take. He can drive the enemy about with small advantages and awaits the enemy in strength. (罗志野)

此例也有两组对偶的句子。孙武以此来说明将帅要以假象和蝇头小利去引诱、调动敌人。第一组句式为"……之,敌必……之"。第二组句式为"以……之"。五个译本虽然都译出了原文的意思,但都没有保留原文的对偶修辞手法,损失了原文的语言文化特色。

(4)辞卑而益备者,进也;辞强而进驱者,退也。(《孙子兵法·行军篇》)

A. When the enemy's envoys speak in humble terms, but he continues his preparations, he will advance.

Chang Yü: When T' ien Tan was defending Chi Mo the Yen general Ch' i Che surrounded it. T' ien Tan personally handled the spade and shared in the labour of the troops. He sent his wives and concubines to enroll in the ranks and divided his own food to entertain his officers. He also sent women to city walls to ask for terms of surrender. The Yen general was very pleased. T' ien Tan also collected twenty-four thousand ounces of gold, and made the rich citizens send a letter to the Yen general which said: 'The city is to be surrendered immediately. Our only wish is that you will not make our wives and concubines prisoners. ' The Yen army became increasingly relaxed and negligent and T' ien Tan sallied out of the city and inflicted a crushing defeat on them.

When their language is deceptive but the enemy pretentiously advances, he will retreat. (Samuel Griffith)

B. Humble words and increased preparations are signs that the enemy is about to advance.

["As though they stood in great fear of us," says Tu Mu. "Their object is to make us contemptuous and careless, after which they will attack us. " Chang Yu alludes to the story of T`ien Tan of the Ch`i-mo against the Yen forces, led by Ch`i Chieh. In ch. 82 of the SHIH CHI we read: "T`ien Tan openly said: 'My only fear is that the Yen army may cut off the noses of their Ch`i prisoners and place them in the front rank to fight against us; that would be the undoing of our city. ' The other side being informed of this speech, at once acted on the suggestion; but those within the city were enraged at seeing their fellow-countrymen thus mutilated, and fearing only lest they should fall into the enemy's hands, were nerved to defend themselves more obstinately than ever. Once again T`ien Tan sent back converted spies who reported these words to the enemy: 'What I dread most is that the men of Yen may dig up the ancestral tombs outside the town, and by inflicting this indignity on our forefathers cause us to become faint-hearted. ' Forthwith the besiegers dug up all the graves and burned the corpses lying in them. And the inhabitants of Chi-mo, witnessing the outrage from the city-walls, wept passionately and were all impatient to go out and fight, their fury being increased tenfold. T'ien Tan knew then that his soldiers were ready for any enterprise. But instead of a sword, he himself too a mattock in his hands, and ordered others to be distributed amongst his best warriors, while the ranks were filled up with their wives and concubines. He then served out all the remaining rations and bade his men eat their fill. The regular soldiers were told to keep out of sight, and the walls were manned with the old and weaker men and with women. This done, envoys were dispatched to the enemy's camp to arrange terms of surrender, whereupon the Yen army began shouting for joy. T'ien Tan also collected 20,000 ounces of silver from the people, and got the wealthy citizens of Chi-mo to send it to the Yen general with the prayer that, when the town capitulated, he would allow their homes to be plundered or their women to be maltreated. Ch'i Chieh, in high good humor, granted their prayer; but his army now became increasingly slack and careless. Meanwhile, T'ien Tan got together a thousand oxen, decked them with pieces of red silk, painted their bodies, dragon-like, with colored stripes, and fastened sharp blades on their horns and well-greased rushes on their tails. When night came on, he lighted the ends of the rushes, and drove the oxen through a number of holes which he had pierced in the walls, backing them up with a force of 5000 picked warriors. The animals, maddened with pain, dashed furiously into the enemy's camp where they caused the utmost confusion and dismay; for their tails acted as torches, showing up the hideous pattern on their bodies, and the weapons on their horns killed or wounded any with whom they came into contact. In the meantime, the band of 5000 had crept up with gags in their mouths, and now threw themselves on the enemy. At the same moment a frightful din arose in the city itself, all those that remained behind making as much noise as possible by banging drums and hammering on bronze vessels, until heaven and earth were convulsed by the uproar. Terror-stricken, the Yen army fled in disorder, hotly pursued by the men of Ch'i, who succeeded in slaying their general Ch'i Chien. . . . The result of the battle was the ultimate recovery of some seventy cities which had belonged to the Ch'i State. "]

Violent language and driving forward as if to the attack are signs that he will retreat. (Lionel Giles)

C. When the enemy's envoys speak in humble terms, but the army continues preparations, that mean it will advance. When their language is strong and the enemy pretentiously advances, these may be signs that the enemy will retreat. (袁士槟)

D. If his emissaries sound humble and yet he steps up his readiness for war, he plans to advance; if their language is belligerent and they put on an aggressive air, he plans to retreat. (林戊荪)

E. When the enemy's messenger speaks humbly while his war preparations continue, the enemy is going to advance. When the enemy speaks uncompromisingly and threatens to advance, he is going to retreat. (罗志野)

此例中孙武讲述了要通过观察敌方使者的言辞和敌军的实际行动来判断其真实意图:言语谦卑而实际上加紧备战的,是企图进攻;言语强硬而军队也进攻的,则是要撤退。此例的句式为"辞……而……者,……也","卑"和"强"相对,"进"和"退"相对。五个译本都基本保留了原文对偶的句式,还原了其语言美。格里菲斯还在张预注解的翻译中讲述了真实的历史战争案例,贾尔斯也以大段的注解帮助译文读者更好地理解孙武的战略思想。

(四)排比

排比是用结构相同或相似、语气一致的一连串词语表达相似内容。《孙子兵法》中排比的运用俯拾皆是。大量排比的运用既增强了文章的气势,也增加了其节奏性。例如:

(1)利而诱之,乱而取之,实而备之,强而避之,怒而挠之,卑而骄之,佚而劳

之,亲而离之。(《孙子兵法·计篇》)

A. Offer the enemy a bait to lure him; feign disorder and strike him.

Tu Mu: The Chao general Li Mu released herds of cattle with their shepherds; when the Hsiung Nu had advanced a short distance he feigned a retirement, leaving behind several thousand men as if abandoning them. When the Khan heard this news he was delighted, and at the head of a strong force marched to the place. Li Mu put most of his troops into informations on the right and left wings, made a horning attack, crushed the Huns and slaughtered over one hundred thousand of their horsemen.

When he concentrates, prepare against him; where he is strong, avoid him.

Anger his general and confuse him.

Li Ch'uan: If the general is choleric his authority can easily be upset. His character is not fir,

Chang Yü: If the enemy general is obstinate and prone to anger, insult and enrage him, so that he will be irritated and confused, and without a plan will recklessly advance against you.

Pretend inferiority and encourage his arrogance.

Tu Mu: Toward the end of the Ch'in dynasty. Mo Tun of the Hsiung Nu first established his power. The Eastern were strong and sent ambassadors to parley. They said: 'We wish to obtain T'ou Ma's thousand-*li* horse.' Mo Tun consulted his advisers, who all exclaimed: 'The thousand-*li* horse! The most precious thing in this country! Do not give them that!' Mo Tun replied: 'Why begrudge a horse to a neighbor?' So he sent the horse.

Shortly after, the Eastern Hu sent envoys who said: 'We wish one of the Khan's princesses.' Mo Tun asked advice of his ministers who all angrily said: 'The Eastern Hu are unrighteous! Now they even ask for a princess! We implore you to attack them!' Mo Tun said: 'How can one begrudge his neighbour a young woman?' So he gave the woman.

A short time later, the Eastern Hu returned and said: 'You have a thousand *li* of unused land which we want.' Mo Tun consulted his advisers. Some said it would be reasonable to cede the land, others that it would not. Mo Tun was enraged and said: 'Land is the foundation of the State. How could one give it away?' All those who had advised doing so were beheaded.

Mo Tun then sprang on his horse, ordered that all who remained behind were to be beheaded, and made a surprise attack on the Eastern Hu. The Eastern Hu were contemptuous of him and had made no preparations. When he attacked he annihilated them. Mo Tun then turned westward and attacked the Yueh Ti. To the south he annexed Lou Fan… and invaded Yen. He completely recovered the ancestral lands of the Hsiung Nu previously conquered by the Ch'in general Meng T'ien.

Ch'en Hao: Give the enemy young boys and women to infatuate him, and jades and silks to excite his ambitions.

Keep him under a strain and wear him down.

Li Ch'üan: When the enemy is at ease, tire him.

Tu Mu: … Toward the end of the Later Han, after Ts'ao Ts'ao had defeated Liu Pei, Pei fled to Yuan Shao, who then led out his troops intending to engage Ts'ao Ts'ao. T'ien Fang, one of Yuan Shao's staff officers, said: 'Ts'ao Ts'ao is expert at employing troops; one cannot go against him heedlessly. Nothing is better than to protract things and keep him at a distance. You, General, should fortify along the mountains and rivers and hold the four prefectures. Externally, make alliances with powerful leaders; internally, pursue an agro-military policy. Later, select crack troops and form them into extraordinary units. Taking advantage of spots where he is unprepared, make repeated sorties and disturb the country south of the river. When he comes to aid the right, attack his left; when he goes to succor the left, attack the right; exhaust him by causing him continually to run about…. Now if you reject this victorious strategy and decide instead to risk all on one battle, it will be too late for regrets. ' Yuan Shao did not follow this advice and therefore was defeated.

When he is united, divide him.

Chang Yü: Sometimes drive a wedge between a sovereign and his ministers; on other occasions separate his allies from him. Make them mutually suspicious so that they drift apart. Then you can plot against them. (Samuel Griffith)

B. Hold out baits to entice the enemy. Feign disorder, and crush him.

[All commentators, except Chang Yu, say, "When he is in disorder, crush him." It is more natural to suppose that Sun Tzu is still illustrating the uses of deception in war.]

If he is secure at all points, be prepared for him. If he is in superior strength, evade him.

If your opponent is of choleric temper, seek to irritate him. Pretend to be weak, that he may grow arrogant.

[Wang Tzu, quoted by Tu Yu, says that the good tactician plays with his adversary as a cat plays with a mouse, first feigning weakness and immobility, and then suddenly pouncing upon him.]

If he is taking his ease, give him no rest.

[This is probably the meaning though Mei Yao-ch`en has the note: "while we are taking our ease, wait for the enemy to tire himself out." The YU LAN has "Lure him on and tire him out."]

If his forces are united, separate them.

[Less plausible is the interpretation favored by most of the commentators: "If sovereign and subject are in accord, put division between them."] (Lionel Giles)

C. Hold out baits to lure the enemy. Strike the enemy when he is in disorder. Prepare against the enemy when he is secure at all points. Avoid the enemy for the time being when he is stronger. If your opponent is of choleric temper, try to irritate him. If he is arrogant, try to encourage his egotism. If the enemy troops are well prepared after reorganisation, try to wear them down. If they are united, try to sow dissension among them.（袁士槟）

D. When the enemy is greedy for gains, hand out a bait to lure him; when he is in disorder, attack and overcome him; when he boasts substantial strength, be doubly prepared against him; and when he is formidable, evade him. If he is given to anger, provoke him. If he is timid and careful, encourage his arrogance. If his forces are rested, wear them down. If he is united as one, divide him.（林戊荪）

E. A good commander must offer a bait to allure the enemy who covets small advantages, capture the enemy when he is in disorder, take precautions against the enemy who had good preparation and substantial strength, evade for a time the enemy while he is strong, enrage the enemy who is hot-tempered, pretend to be weak in order to make the enemy arrogant or haughty, wear the enemy out if he has taken a good rest, set one party against another within the enemy if they are united.（罗志野）

此例中孙武用了八个排比的分句来说明“兵者诡道”的道理，都是“……而……之”的句式。格里菲斯译本用了三个“when”或“where”引导的条件状语从句，五个祈使句。贾尔斯译本有五个分句采用了同一句式：“if”条件句。袁士槟译本的第二、三、四分句采用同一句式：祈使句 +“when”引导的状语从句，后四个分句采用了同一句式：“if”条件句。林戊荪译本所用句式比较清晰：前四个分句为“when”引导的状语从句，后四个分句为“if”条件句。罗志野译本则用了四种句式：“who”引导的定语从句、“when/while”引导的状语从句、“if”条件句和“in order to”引导的目的状语从句。相较之下，林戊荪译本最能体现原文的排比修辞手法。另外，格里菲斯和贾尔斯译本翻译了大量的注解，解释了原文的含义，利于译文读者的理解。

（2）知吾卒之可以击，而不知敌之不可击，胜之半也；知敌之可击，而不知吾

卒之不可以击,胜之半也;知敌之可击,知吾卒之可以击,而不知地形之不可以战,胜之半也。(《孙子兵法·地形篇》)

A. If I know that my troops are capable of striking the enemy, but do not know that he is invulnerable to attack, my chance of victory is but half.

If I know that the enemy is vulnerable to attack, but do not know that my troops are incapable of striking him, my chance of victory is but half.

If I know that the enemy can be attacked and that my troops are capable of attacking him, but do not realize that because of the conformation of the ground I should not attack, my chance of victory is but half. (Samuel Griffith)

B. If we know that our own men are in a condition to attack, but are unaware that the enemy is not open to attack, we have gone only halfway towards victory.

[That is, Ts'ao Kung says, "the issue in this case is uncertain."]

If we know that the enemy is open to attack, but are unaware that our own men are not in a condition to attack, we have gone only halfway towards victory.

[Cf. III. ss. 13 (1).]

If we know that the enemy is open to attack, and also know that our men are in a condition to attack, but are unaware that the nature of the ground makes fighting impracticable, we have still gone only halfway towards victory. (Lionel Giles)

C. If I know that my troops are capable of striking the enemy, but do not know that he is invulnerable to attack, my chance of victory is but half. If I know that the enemy is vulnerable to attack, but to not know that my troops are incapable of striking him, my chance of victory is but half. If I know that the enemy can be attacked and that my troops are capable of attacking him, but do not realize that the conformation of the ground makes fighting impracticable, my chance of victory is but half. (袁士槟)

D. To know that your troops are capable of striking at the enemy but not to know that he is invulnerable to attack reduces your chances of victory to half. To know that the enemy is vulnerable to attack but not to know that your troops are incapable of striking at him again reduces to half your chances of victory. To know that the enemy is vulnerable to attack and that your troops are capable of attacking, but not to know that the terrain does not favour you in battle once again reduces your chances of victory to half. （林戊荪）

E. A general, who only knows hos troops' ability to launch an attack but does not know the enemy's invulnerability, will only have half the chance of victory. He, who only knows the enemy may be defeated but does not know his own troops' inability to fight, will also only have half the chance of victory. If he knows that the enemy can be defeated and that his own troops have the ability to strike, but does not know if the lay of the land makes it unsuitable for battle, his chance of winning is also merely half. （罗志野）

此例的句式为“知……之可（以）击，而不知……之不可（以）击，胜之半也”，孙武用以说明“知己知彼”、“知天知地”的重要性。格里菲斯、贾尔斯和袁士槟译本用了同样的句式：包含“but”转折句的“if”条件句。林戊荪译本采用“to know that… but not to know that…”的句式。罗志野译本采用两个包含“but”转折句的“who”引导的定语从句，一个包含“but”转折句的“if”条件句。五个译本虽采用不同的句式，但都尽量保留了原文的排比结构，再现了原文的语言美。

（3）圮地无舍，衢地合交，绝地无留，围地则谋，死地则战。途有所不由，军有所不击，城有所不攻，地有所不争，君命有所不受。（《孙子兵法·九变篇》）

A. You should not encamp in low-lying ground.

In communicating ground unite with your allies.

You should not linger in desolate ground.

In enclosed ground, resourcefulness is required.

In death ground, fight.

There are some roads not to follow; some troops not to strike; some cities not to assault; and some ground which should not be contested.

Wang Hsi: In my opinion, troops put out as bait, *élite* troops, and an enemy in well-regulated and imposing formation should not be attacked.

Tu Mu: Probably this refers to an enemy in a strategic position behind lofty walls and deep moats with a plentiful store of grain and food, whose purpose is to detain my army. Should I attack the city and take it, there would be no advantage worth mentioning; if I do not take it the assault will certainly grind down the power of my army. Therefore I should not attack it.

There are occasions when the commands of the sovereign need not be obeyed.

Ts'ao Ts'ao: When it is expedient in operations the general need not be restricted by the commands of the sovereign.

Tu Mu: The *Wei Liao Tzu* says: 'Weapons are inauspicious instruments; strife contrary to virtue; the general, the Minister of Death, who is not responsible to the heavens above, to the earth beneath, to the enemy in his front, or to the sovereign in his rear.'

Chang Yü: Now King Fu Ch'ai said: 'When you see the correct course, act; do not wait for orders.' (Samuel Griffith)

B. When in difficult country, do not encamp. In country where high roads intersect, join hands with your allies. Do not linger in dangerously isolated positions.

[The last situation is not one of the Nine Situations as given in the beginning of chap. XI, but occurs later on (ibid. ss. 43. q. v.). Chang Yu defines this situation as being situated across the frontier, in hostile territory. Li Ch`uan says it is "country in which there are no springs or wells, flocks or herds, vegetables or firewood;" Chia Lin, "one of gorges, chasms and precipices, without a road by which to advance."]

In hemmed-in situations, you must resort to stratagem. In desperate position, you must fight.

There are roads which must not be followed,

["Especially those leading through narrow defiles," says Li Ch'uan, "where an ambush is to be feared."]

armies which must be not attacked,

[More correctly, perhaps, "there are times when an army must not be attacked." Ch'en Hao says: "When you see your way to obtain a rival advantage, but are powerless to inflict a real defeat, refrain from attacking, for fear of overtaxing your men's strength."]

towns which must be besieged,

[Cf. III. ss. 4 Ts'ao Kung gives an interesting illustration from his own experience. When invading the territory of Hsu-chou, he ignored the city of Hua-pi, which lay directly in his path, and pressed on into the heart of the country. This excellent strategy was rewarded by the subsequent capture of no fewer than fourteen important district cities. Chang Yu says: "No town should be attacked which, if taken, cannot be held, or if left alone, will not cause any trouble." Hsun Ying, when urged to attack Pi-yang, replied: "The city is small and well-fortified; even if I succeed intaking it, it will be no great feat of arms; whereas if I fail, I shall make myself a laughing-stock." In the seventeenth century, sieges still formed a large proportion of war. It was Turenne who directed attention to the importance of marches, countermarches and maneuvers. He said: "It is a great mistake to waste men in taking a town when the same expenditure of soldiers will gain a province."]

positions which must not be contested, commands of the sovereign which must not be obeyed.

[This is a hard saying for the Chinese, with their reverence for authority, and Wei Liao Tzu (quoted by Tu Mu) is moved to exclaim: "Weapons are baleful instruments, strife is antagonistic to virtue, a military commander is the negation of civil order!" The unpalatable fact remains, however, that even Imperial wishes must be subordinated to military necessity.] (Lionel Giles)

C. You should not encamp on grounds hard to approach. Unite with your allies on grounds intersected with highways. Do not linger on desolate ground. In enclosed ground, resort to stratagem. In death ground, fight a last-ditch battle. There are some roads which must not be followed, some troops which must not be attacked, some cities which must not be assaulted, and some ground which should not be contested. There are also occasions when the commands of the sovereign need not be obeyed.（袁士槟）

D. After he sets out, he should not encamp on difficult grounds; he should seek the support of neighbouring states in border areas; he should not linger in enemy-occupied areas; he should have contingency plans when passing through the areas where the enemy is able to defeat a strong army with less troops; he should fight desperately with the enemy where there is no other way out. There are roads he should not take, armies he should not attack, walled cities he should not assault, territories he should not contest for and commands of the sovereign he should not obey.（林戊荪）

E. In leading his troops, do not encamp or station where it is difficult for the army to pass through; ally with the local princes where the highway extends in all directions; do not linger where it is, uninhabitable; venture into an enclosed region with shrewdness and stratagem; fight a desperate battle where there is no way to advance or retreat. There are some roads which should not be followed; some enemy troops which should not be attacked. There are some cities which should not be captured, some territories which should not be seized, and some orders from the sovereign which need not be obeyed.（罗志野）

此例中孙武阐释了用兵的法则：在道路不畅的地方不要安营扎寨，在四通八达的地方要广泛结交诸侯，在荒芜的地方不要停留，容易设埋伏的地方要设计突围，陷入绝境时要拼死战斗，道路的选择、敌军的攻打、城池、地方的夺取和国君命令的遵从都要根据实际情况定夺，出其不意。此例用了两组排比句式：

第一组均为四字短语,第二组为"……有所不……"的句式。第二组句式五个译本都保留了排比的修辞手法,译为"there be"句式。第一组句式,格里菲斯、贾尔斯、袁士槟译本则舍弃了原文的排比结构,罗志野译本五个分句中有四句用了祈使句+"where"引导的定语从句的句式。林戊荪译本完全保留了原文的排比结构,译为"he should not…; he should…",更利于中国语言文化的传递。格里菲斯和贾尔斯还以文外作注的方式详细解释了原文的含义,利于译文读者理解原文。

(五)设问

设问常用于为了强调某部分内容,故意先提出问题,自问自答。正确的运用设问,能引发思考,突出某些内容,使文章起波澜,有变化。设问有自问自答和问而不答两种形式。问而不答、自问自答是设问的主要形式。它又可以分为以下几种:第一,一问一答。一个问句跟着一个答句。第二,几问一答。即先集中提出一连串设问句。然后,集中加以回答。此种设问,能增强论辩力量,引人深思。第三,连续问答。即连续地使用一问一答式。此种设问,能造成一种步步紧逼、势不可挡之气势,具有强大的论辩力量。例如:

(1)敢问:"敌众整而将来,待之若何?"曰:"先夺其所爱,则听矣。"(《孙子兵法·九地篇》)

A. Should one ask: 'How do I cope with a well-ordered enemy host about to attack me?' I reply: 'Seize something he cherished and he will conform to your desires.'

Footnote: Comments between question and answer omitted. (Samuel Griffith)

B. If asked how to cope with a great host of the enemy in orderly array and on the point of marching to the attack, I should say: "Begin by seizing something which your opponent holds dear; then he will be amenable to your will." (Lionel Giles)

[Opinions differ as to what Sun Tzu had in mind. Ts'ao Kung thinks it is "some strategical advantage on which the enemy is depending." Tu Mu says: "The three things which an enemy is anxious to do, and on the accomplishment of which his success depends, are: (1) to capture our favorable positions; (2) to ravage our cultivated land; (3) to guard his own communications." Our object then must be to thwart his plans in these three directions and thus render him helpless. [Cf. III. ss. 3.] By boldly seizing the initiative in this way, you at once throw the other side on the defensive.]

C. Should one ask: 'How do I cope with a well-ordered enemy host about to attack me?' I reply: 'seize something he cherishes and he will conform to your desires'. (袁士槟)

D. To the question, "What shall we do if a large and well-organized army marches against us?" the answer is: "Seize whatever the enemy prized most and he will do what you wish him to do."(林戊荪)

E. It may be asked, "If the enemy comes to attack you with a large and well-ordered army, how do you deal with it?" The answer is, "Seize what he cherishes and he will conform to your desires."(罗志野)

此例采用的是一问一答的形式。意为:"假如有人要问:'敌军人数众多而阵容严整地向我攻来,我应如何对付?'我的回答是:'先夺取敌人的要害之处,敌人就必然会听从我的摆布。'"除贾尔斯译本将直接问句译为间接问句以外,其余四个译本都保留了原文的直接问句。此外,贾尔斯还翻译了两位对原文持有不同意见的注家的注解,利于译文读者更好更全面地理解原文。

(2)敢问:"兵可使如率然乎?"曰:"可。"(《孙子兵法·九地篇》)

A. Should one ask: 'Can troops be made capable of such instantaneous co-ordination?' I reply: 'They can.' (Samuel Griffith)

B. Asked if an army can be made to imitate the SHUAI-JAN,

[That is, as Mei Yao-ch'en says, "Is it possible to make the front and rear of an army each swiftly responsive to attack on the other, just as though they were part of a single living body?"]

I should answer, Yes. (Lionel Giles)

C. Should one ask: 'Can troops be made capable of such instantaneous coordination?' I reply: 'They can.' (袁士槟)

D. Asked if an army can be trained to behave like the snake of Mount Chang, I say: Yes, it can. (林戊荪)

E. It may be asked, "Can troops achieve instantaneous coordination as that snake?" The answer is "They can." (罗志野)

此例采用的也是一问一答的形式。意为:"假如有人要问:'军队可指挥得像率然一样吗?'我的回答是:'可以。'"除贾尔斯和林戊荪译本将直接问句译为间接问句以外,其余三个译本都保留了原文的直接问句。此外,贾尔斯还翻译了梅尧臣的注解,利于译文读者更好地理解原文。

(六)反问

反问也叫激问、反诘、诘问,用疑问的形式表达确定的意思。反问可以引发思考,加深读者印象,也使文章更具气势和说服力。反问的种类可以依据后面有没有回答分为两种形式。第一,问而无答的反问。这是反问的主要形式,它又包括用肯定句表否定的内容和用否定句表肯定的内容两种形式。第二,问而有答的反问。反问主要是加强语气,因此与仅仅提出问题、引发思考的设问不同。《孙子兵法》中也有反问的运用,例如:

(1)奇正相生,如循环之无端,孰能穷之?(《孙子兵法·势篇》)

A. For these two forces are mutually reproductive; their interaction as endless as that of interlocked rings. Who can determine where one ends and the other begins? (Samuel Griffith)

B. The direct and the indirect lead on to each other in turn. It is like moving in a circle—you never come to an end. Who can exhaust the possibilities of their combination? (Lionel Giles)

C. For these two forces are mutually reproductive. It is like moving in an endless circle. Who can exhaust the possibility of their combination? (袁士槟)

D. They constantly change from one to the other, like moving in a circle with neither a beginning nor an end. Who can exhaust their possibilities?（林戊荪）

E. Both special and normal tactics are interdependent and mutually reproductive like a cyclical movement that has neither a beginning nor an end. Who can know its infinitude?（罗志野）

此例属于问而无答的反问。孙武以此来强调奇正两种作战方法的交替变化运用如同沿着圆环旋转一样是无穷尽的。五个译本都保留了反问这一修辞手法，利于读者体会原文的语言文化。

（2）不知战地，不知战日，则左不能救右，右不能救左，前不能救后，后不能救前，而况远者数十里，近者数里乎？以吾度之，越人之兵虽多，亦奚益于胜败哉？故曰：胜可为也。（《孙子兵法·虚实篇》）

A. If one knows where and when a battle will be fought his troops can march a thousand *li* and meet on the field. But if one knows neither the battleground nor the day of battle, the left will be unable to aid the right, or the right, the left; the can to support the rear, or the rear, the van. How much more is this so when separated by several tens of *li*, or, indeed, by even a few!

Tu Yü: Now those skilled in war must know where and when a battle will be fought. They measure the roads and fix the date. They divide the army and march in separate columns. Those who are distant start first, those who are near by, later. Thus the meeting of troops from distances of a thousand *li* takes place at the same time. It is like people coming to a city market.

Footnote: Tu Mu tells the following interesting story to illustrate the point:

Emperor Wu of the Sung sent Chu Ling-shih to attack Ch'iao Tsung in Shu. The Emperor Wu said: 'Last year Liu Ching-hsuan went out of the territory inside the river heading for Huang Wu. He achieved nothing and returned. The rebels now think that I should come from outside the river but surmise that I will take them unaware by coming from inside the river. If this is the case they are certain to defend Fu Ch'eng with heavy troops and guard the interior roads. If I go to Huang Wu, I will fall directly into their trap. Now, I will move the main body outside the river and take Ch'eng Tu, and use distracting reoops towards the inside of the river. This is a wonderful plan for controlling the enemy.'

Yet he was worried that his plan would be known and that the rebels would learn where he was weak and where strong. So he handed a completely sealed letter to Ling Shih. On the envelope he wrote 'Open when you reach Pai Ti'. At this time the army did not know how it was to be divided or from where it would march.

Although I estimate the troops of Yüeh as many, of what benefit is this superiority in respect to the outcome?

Footnote: These references to Wu and Yüeh are held by some critics to indicate the date of composition of the text. This point is discussed in the Introduction.

Thus I say that victory can be created. (Samuel Griffith)

B. But if neither time nor place be known, then the left wing will be impotent to succor the right, the right equally impotent to succor the left, the van unable to relieve the rear, or the rear to support the van. How much more so if the furthest portions of the army are anything under a hundred LI apart, and even the nearest are separated by several LI!

[The Chinese of this last sentence is a little lacking in precision, but the mental picture we are required to draw is probably that of an army advancing towards a given rendezvous in separate columns, each of which has orders to be there on a fixed date. If the general allows the various detachments to proceed at haphazard, without precise instructions as to the time and place of meeting, the enemy will be able to annihilate the army in detail. Chang Yu's note may be worth quoting here: "If we do not know the place where our opponents mean to concentrate or the day on which they will join battle, our unity will be forfeited through our preparations for defense, and the positions we hold will be insecure. Suddenly happening upon a powerful foe, we shall be brought to battle in a flurried condition, and no mutual support will be possible between wings, vanguard or rear, especially if there is any great distance between the foremost and hindmost divisions of the army. "]

Though according to my estimate the soldiers of Yueh exceed our own in number, that shall advantage them nothing in the matter of victory. I say then that victory can be achieved. (Lionel Giles)

[Alas for these brave words! The long feud between the two states ended in 473 B. C. with the total defeat of Wu by Kou Chien and its incorporation in Yueh. This was doubtless long after Sun Tzu's death. With his present assertion compare IV. ss. 4. Chang Yu is the only one to point out the seeming discrepancy, which he thus goes on to explain: "In the chapter on Tactical Dispositions it is said, 'One may KNOW how to conquer without being able to DO it,' whereas here we have the statement that 'victory' can be achieved.' The explanation is, that in the former chapter, where the offensive and defensive are under discussion, it is said that if the enemy is fully prepared, one cannot make certain of beating him. But the present passage refers particularly to the soldiers of Yueh who, according to Sun Tzu's calculations, will be kept in ignorance of the time and place of the impending struggle. That is why he says here that victory can be achieved."]

C. If one knows where and when a battle will be fought, his troops can march a thousand *li* and meet on the field. But if one knows neither the right will be unable to aid the left, and the van will be unable to support the rear and the rear, the van. How much more is this so when separated by several tens of *li* or, indeed, by even a few! Although I estimate the troops of Yüe as many, of what benefit is this superiority with respect to the outcome of war? Thus, I say that victory can be achieved. (袁士槟)

D. Therefore if one knows when and where a battle will be fought, his troops can march a thousand *li* to fight the enemy. But if one knows neither the battleground nor the date of battle, his left flank will not be able to rescue his right, nor the other way around. Similarly his front will not be able to support his rear, and vice versa. How much more so if his reinforcements are scores of *li* away, and even the closest are separated by several *li*! In my view, while the troops of Yue (*tr.* : *a neighbouring state of Wu*) are numerous, that alone does not determine the outcome of war. Therefore, I say: victory can be created. (林戊荪)

E. If he knows neither the place nor the time of a battle to come, then his left wing cannot help his right, and his right wing cannot save his left; the troop in the front cannot turn back to help the rear, and the rear cannot go forward to relieve the front, let alone looking after the more distant portions of the troops tens of *li* apart and even the nearest several *li* away. My opinion is that the troops of the state Yue are many, but from the above mentioned principle, can you say for sure that it will help Yue win a battle? So a victory may be made. (罗志野)

此例包含两个反问句。孙武以此来强调作战时预知交战的地点和时间的重要性,因为战场上两支队伍常常相隔至少数里,无法互相救援,因此不掌握交战的地点和时间的话,即使像越国那样人数众多,也可能战败。人数并不是战争胜负的决定性因素,战争的胜利完全是靠计谋争取来的。第一个反问句除罗志野译为陈述句外,其余四个译本都译为感叹句以示强调。第二个反问句,贾尔斯、林戊荪译为否定句,虽也表达了原意,却损失了原文语言的特色。相较之下,格里菲斯、袁士槟、罗志野译为反问句则保留了原文的修辞手法,利于中国语言文化的传递。此外,格里菲斯译本还通过注解翻译和脚注的历史故事更详细地阐释了孙武的军事思想,贾尔斯则通过注解阐明了自己对原文的理解,使译文读者更好地理解了原文。

(七)引用

引用指写文章时,引用名言、诗句、典故、成语等,以说明自己的见解。引用可以使论据确凿充分,增强文章的说服力。中国人写文章喜欢引经据典,《孙子兵法》也不例外。文中也使用了引用这一修辞手法。例如:

(1)《军政》曰:“言不相闻,故为之金鼓;视不相见,故为之旌旗。”(《孙子

兵法·军争篇》)

A. The Book of Military Administration says: ‘As the voice cannot be heard in battle, drums and bells are used. As troops cannot see each other clearly in battle, flags and banners are used.’

Footnote: This verse is interesting because in it Sun Tzu names a work which antedates his own. (Samuel Griffith)

B. The Book of Army Management says:

[It is perhaps significant that none of the earlier commentators give us any information about this work. Mei Yao-Ch`en calls it "an ancient military classic," and Wang Hsi, "an old book on war." Considering the enormous amount of fighting that had gone on for centuries before Sun Tzu's time between the various kingdoms and principalities of China, it is not in itself improbable that a collection of military maxims should have been made and written down at some earlier period.]

On the field of battle,

[Implied, though not actually in the Chinese.]

the spoken word does not carry far enough: hence the institution of gongs and drums. Nor can ordinary objects be seen clearly enough: hence the institution of banners and flags. (Lionel Giles)

C. *The Book of Military Administration* says: ‘As the voice cannot be heard in battle, drums and gongs are used. As troops cannot see each other clearly in battle, flags and banners are used.’(袁士槟)

D. *The Book of Military Administration* states: "As oral commands cannot be heard in the din of battle, drums and gongs are used; as signal commands cannot be seen in battle, flags and banners are used."(林戊荪)

E. The book *Military Management* says, "Gongs and drums are used in battle because voices are not heard; banners and flags are used because soldiers cannot see one another clearly."(罗志野)

《军政》是已知中国最早的兵书之一。梅尧臣注《孙子》谓其“军之旧典”。王皙注《孙子》谓“古军书”。孙武引用中国古代早期的兵书《军政》,以此来论证指挥大部队作战要统一军队作战行动的指挥信号,夜间指挥作战多用金鼓,白天指挥作战多用旌旗。尽管用词稍有差异,五个译本在此都保留了这一修辞手法,使译文读者也能领略到原文的语言文化。格里菲斯还在脚注中解释道:《军政》是早于《孙子兵法》的一部书。贾尔斯也用文外作注的方法对此进行解释,利于译文读者对原文的理解。

(七)顶真

顶真,或顶针,是指上句的结尾与下句的开头使用相同的字或词,使相邻两句蝉联的一种修辞方法。顶真环环紧扣,引人入胜,很能体现汉字的特色。例如:

(1)国之贫于师者远输,远输则百姓贫。近于师者贵卖,贵卖则百姓财竭,财竭则急于丘役。(《孙子兵法·作战篇》)

A. When a country is impoverished by military operations it is due to distant transportation; carriage of supplies for great distances renders the people destitute.

Chang Yü: … If the army had to be supplied with grain over a distance of one thousand *li*, the troops would have a hungry look.

Footnote: This comment appears under V. 10 but seems more appropriate here.

Where the army is, prices are high; when prices rise the wealth of the people is exhausted. When wealth is exhausted the peasantry will be afflicted with urgent exactions.

Chia Lin: … Where troops are gathered the price of every commodity goes up because everyone covets the extraordinary profits to be made.

Footnote: Or, 'close to [where] the army [is]', (i. e. in the zone of operations) 'buying is expensive; when buying is expensive…'. The 'urgent [or 'heavy'] exactions' refers to special taxes, forced contributions of animals and grain, and porterage.

This comment, which appears under the previous verse, has been transposed. (Samuel Griffith)

B. Poverty of the State exchequer causes an army to be maintained by contributions from a distance. Contributing to maintain an army at a distance causes the people to be impoverished.

[The beginning of this sentence does not balance properly with the next, though obviously intended to do so. The arrangement, moreover, is so awkward that I cannot help suspecting some corruption in the text. It never seems to occur to Chinese commentators that an emendation may be necessary for the sense, and we get no help from them there. The Chinese words Sun Tzu used to indicate the cause of the people's impoverishment clearly have reference to some system by which the husbandmen sent their contributions of corn to the army direct. But why should it fall on them to maintain an army in this way, except because the State or Government is too poor to do so?]

On the other hand, the proximity of an army causes prices to go up; and high prices cause the people's substance to be drained away.

[Wang Hsi says high prices occur before the army has left its own territory. Ts'ao Kung understands it of an army that has already crossed the frontier.]

When their substance is drained away, the peasantry will be afflicted by heavy exactions. (Lionel Giles)

C. When a country is impoverished by military operations, it is due to distant transportation; carrying supplies for great distances renders the people destitute. Where troops are gathered, prices go up. When prices rise, the wealth of the people is drained away. When wealth is drained away, the people will be afflicted with urgent and heavy exactions. (袁士槟)

D. When a country is impoverished by military operations, it is because of the long distance transportation involved. Transporting supplies over long distances render the people destitute. Proximity of an army causes prices to go up, and high prices are a drain on the people's resources. When the resources are exhausted, exactions and levies are bound to increase. （林戊荪）

E. Generally, transporting supplies to a distant place will impoverish the state that dispatches troops to wage war. At the same time, it will render the common people destitute. Besides, the prices of commodities normally soar near the battleground or the area where the troops are stationed; and the high price will drain away the common people's financial resources; and the financial exhaustion will lead to urgent exactions. （罗志野）

此例中第一句中的"远输"和第二句中的"贵卖"、"财竭"为顶真。孙武用顶真的修辞手法论述了远道运输所导致的一系列连锁反应：远道运输导致国家贫困、百姓贫穷，如此一来，临近驻军的地区物价必定飞涨，物价飞涨，就会使得百姓之家财富枯竭，财富枯竭就必然急于加重赋役。格里菲斯在注解翻译和脚注中详细解释了原文的含义，使译文读者能更好地理解原文。贾尔斯则在注解中阐述了自己对原文意义的困惑以及不同注家的理解。由于中英语言的差异，顶真修辞手法很难完全再现在译文中。贾尔斯译本已尽量还原这一修辞手法，尽管上下句重复的词汇并不完全相同。其余译本的还原程度都稍差些，罗志野译本则完全放弃了顶真这一修辞手法，同一汉语词汇选用不同的英语词汇进行翻译，不利于读者了解中国这一独特的语言文化。

（2）地生度，度生量，量生数，数生称，称生胜。（《孙子兵法·形篇》）

A. Measurements of space are derived from the ground. Quantities derive from measurement, figures from quantities, comparisons from figures, and victory from comparisons.

Ho Yen-hsi: 'Ground' includes both distances and type of terrain; 'measurement' is calculation. Before the army is dispatched, calculations are made respecting the degree of difficulty of the enemy's land; the directness and deviousness of its roads; the number of his troops; the quantity of his war equipment and the state of his morale. Calculations are made to see if the enemy can be attacked and only after this is the population mobilized and troops raised.

Footnote: This comment appears in the text after V. 18. The factors enumerated are qualities of 'shape'. (Samuel Griffith)

B. Measurement owes its existence to Earth; Estimation of quantity to Measurement; Calculation to Estimation of quantity; Balancing of chances to Calculation; and Victory to Balancing of chances.

[It is not easy to distinguish the four terms very clearly in the Chinese. The first seems to be surveying and measurement of the ground, which enable us to form an estimate of the enemy's strength, and to make calculations based on the data thus obtained; we are thus led to a general weighing-up, or comparison of the enemy's chances with our own; if the latter turn the scale, then victory ensues. The chief difficulty lies in third term, which in the Chinese some commentators take as a calculation of NUMBERS, thereby making it nearly synonymous with the second term. Perhaps the second term should be thought of as a consideration of the enemy's general position or condition, while the third term is the estimate of his numerical strength. On the other hand, Tu Mu says: "The question of relative strength having been settled, we can bring the varied resources of cunning into play." Ho Shih seconds this interpretation, but weakens it. However, it points to the third term as being a calculation of numbers.] (Lionel Giles)

C. Measurements of space are derived from the ground. Quantities derive from measurement, figures from quantities, comparisons from figures, and victory from comparisons. (袁士槟)

D. Measurement of space refers to the difference in the territories of the opposing parties; from that derives estimation of quantity, which refers to the difference in resources; from that calculation of numbers, which refers to the difference in the size of their troops; from that, comparison of the relative strengths of their armies and finally, assessment of the material base for the chances of victory.（林戊荪）

E. An excellent general should understand how to analyse and assess the terrain according to the physical features of a battlefield; how to calculate the manpower and material resources of both his side and the enemy according to the topographic analysis and survey; how to calculate the numerical strengths of both sides according to the manpower and material resources; how to compare the military strengths of his side and the enemy according to the numerical strengths, and how to estimate the outcome, win or lose, according to the military strengths of the opposing sides.（罗志野）

孙武用顶真的修辞手法说明了发展军事实力的五条基本原则:“度”、“量”、“数”、“称”、“胜”,并阐明了五者之间存在的内在的连锁关系:敌我所处地域的不同,导致“度”即敌我辖区面积的不同;“度”的不同导致“量”即物产资源的多少不同;“量”的不同导致“数”即兵力的多少不同;“数”的不同导致“称”即军事实力的不同;“称”的不同最终导致“胜”即战争的结果不同。对于“度”、“量”、“数”、“称”、“胜”,五个译本尽量用相同的英语词汇去翻译同一个中文词汇。但顶真这一修辞手法在这五个译本中都没能还原出来,不过五个译本都用排比的句式尽量传递了原文的语言美:贾尔斯译本用了“n. + to + n.”的结构,格里菲斯、袁士槟译本用了“(be derived) from”的结构,林戊荪译本用了两个“from that + n. + which refers to…”的结构,罗志野译本用了“how to…according to…”的结构,在一定程度上让英语读者领略了中国的语言文化。格里菲斯和贾尔斯也以文外作注的方式帮助译文读者理解原文。

除以上提及的七种修辞手法外,还有很多修辞手法出现在中国文化和文学典籍中,充分展现出汉语的语言美。比如反复、双关等。

反复是特意重复使用某些词语、句子或者段落等以示强调。在《红楼梦》的章回题目中运用了诸多的反复手法,例如,《红楼梦》第二十九回回目“享福人福深还祷福,多情女情重愈斟情”。原文中“福”和“情”字重复出现三次,赋予了原章回题目的语言美。杨宪益、戴乃迭和霍克斯、闵福德两个译本均注意到了原文的这种艺术表现手法，只是在译作中再现的方式有所差异。杨译文中上句有“favorite”、“fortune”、“for”和“fortune”，在修辞上称之为押头韵，并且“fortune”重复了两次，达到了和原作相似的效果。下句的译文也出现了“love”和“loving”，既用了反复又押头韵。霍译文中，上句的译文有两对押韵的词，分别是“greatly”、“greater”和“blessed”、“blessings”。下句译文中“highly”和“heights”也是押头韵的处理，一定程度上还原了原文的语言美。

再如，《红楼梦》第四十五回回目“金兰契互剖金兰语，风雨夕闷制风雨词”。原文中“金兰”与“风雨”两词分别出现了两次，出现的位置也相同。杨宪益、戴乃迭译文用英语的修辞手法替代了原文中反复的修辞手法。“Plaintive Poem”是押头韵，“Windy”和“Rainy”是押尾韵。霍克斯、闵福德通过重复“sisterly”和“autumnal”再现了反复的修辞手法。除此之外，霍译文在句式上也尽量体现了原文的语言美。上下句的句式结构相似，实现了句式的对仗。

双关是让词句具有表面一个意义实则表达另外一个意义。《红楼梦》中双关的例子俯拾皆是。如第五回：“空对着，山中高士晶莹雪；终不忘，世外仙姝寂寞林。”“雪”与“薛”（宝钗）谐音双关；“林”与“林”（黛玉）音形双关，造成强烈的幽默效果。又如：“千芳一窟（哭），万艳同杯（悲）”，是说林黛玉在大观园从头哭到尾，哭了一生。再如，《红楼梦》第四回回目“薄命女偏逢薄命郎，葫芦僧判断葫芦案”。既有对偶、反复又有双关。“薄命”和“葫芦”分别用了两次。此外，“葫芦”一词一语双关。“葫芦僧”指贾雨村的衙门门子，原为葫芦庙小沙弥。“葫芦”的谐音为“糊涂”，故“葫芦案”暗含贾雨村按照现为其衙门门子的“葫芦僧”的主意糊涂判结了薛蟠强买甄英莲并打死人命一案。对于“薄命”和“葫芦”，杨宪益、戴乃迭译为“ill-fated”和“confounded”，传达出了原文暗含的意思，保留了对偶与反复，却失去双关的语言特色。霍克斯、闵福德译本同样也没能保留原文的双关，而且把两对重复的词汇结合在一起变为一对“bottle-gourd”。尽管保留了“葫芦”的原义，却失去了其内涵意义。另外，“bottle-gourd girl”（葫芦女）的意思让人费解。

再如，《红楼梦》第六十四回王熙凤所说：“我这个人，见识又浅，嘴又笨，心又直，人家给个棒槌，我就拿着认作‘针’了。”“针”和“真”谐音，一语双关。“给个棒槌认作针”用来比喻人实心眼。杨宪益、戴乃迭和霍克斯、闵福德两个译本处理得不同，但都舍弃了双关的修辞手法，努力翻译出了其字面意思。

4.6 《孙子兵法》中的文化翻译策略

通过对《孙子兵法》中中国生态文化、物质文化、社会文化、宗教文化和语言文化专有项翻译的对比与分析，格里菲斯、贾尔斯、袁士槟、林戊荪和罗志野五位译者所采取的翻译策略主要有：

（一）异化。异化是指保留源语的语言和文化差异，故意打破目的语常规的翻译。异化法要求译者在译文中保留源语的文化观念和价值观，保持其语言的异质性，从而达到传播源语文化、丰富目的语文化的目的。如同韦努蒂所提倡的“抵抗式翻译”一样，它可以抵抗源语主流文化价值观的特征，抵抗英美文化霸权，保留弱势文化特征。例如，贾尔斯对中国传统星象文化词汇“箕”、“壁”、“翼”、“轸”、比喻修辞手法“秋毫”的翻译，格里菲斯和袁士槟对地形“天井”、“天罗”、“天陷”、“天隙”、比喻修辞手法“秋毫”、“以碫投卵”、夸张修辞手法“九地”、“九天”的翻译等，都是采用异化的翻译方法，保留了中国文化特色。

（二）归化。归化是与异化翻译策略相对应的一种翻译策略，指在翻译中尽可能地减少源语文本的异质性，使译文接近目的语文化。归化法要求译者采用目的语读者习惯的表达方式，来传达源语文本的内容，以目的语文化来替代源语文化。例如，格里菲斯对中国传统星象文化词汇“箕”和“壁”、计量单位“石”、“镒”、“铢”、“仞”、宗教文化词汇“司命”的翻译，贾尔斯对中国古代重量单位“镒”和“铢”、地形“绝涧”、“天井”、“天罗”、“天陷”、“天隙”、中国古代计量单位“仞”、夸张修辞手法“九地”、“九天”的翻译，袁士槟对中国传统星象文化词汇“箕”和“壁”，中国古代称谓语“诸侯”、中国古代宗教文化词汇“司命”的翻译，林戊荪、罗志野对中国古代兵器“戟”、地形“绝涧”、“天井”、“天罗”、

“天陷”、“天隙”、中国古代计量单位“仞”的翻译，以及五个译本对六类地形“通”、“挂”、“支”、“隘”、“险”、“远”的翻译等，都是采用归化的翻译方法。无疑，归化法有利于目的语读者的理解，但因为在中西两种文化中所代表的意象并不对等，以目的语文化代替源语文化，有时会使目的语读者产生理解偏差，而且也不利于源语文化的传递和两种文化交流的平衡。

（三）音译。音译即用一种文字符号来表示另一文字系统的文字符号的翻译方法。如格里菲斯对中国传统星象文化词汇“翼”和“轸”、地理文化词汇“常山”、计量单位“里”、历史文化词汇“诸”、“刿”、“吴”、“越”、“夏”、“殷”、“周”的翻译，贾尔斯对动物文化词汇“率然”的翻译，袁士槟对中国传统星象文化词汇“翼”和“轸”、中国古代计量单位“镒”和“铢”、“钟”和“石”的翻译，林戊荪对六类地形“通”、“挂”、“支”、“隘”、“险”、“远”的翻译，罗志野对动物文化词汇“率然”、中国古代计量单位“镒”、“铢”、“钟”、“石”和宗教文化词汇“五行”的翻译以及五个译本对地理文化词汇“常山”、历史文化词汇“夏”、“殷”、“周”和“伊挚”、“吕牙”、“吴”、“越”的翻译等，都采用了音译的译法。音译同样也是保留源语文化的一种翻译策略，如果目的语读者不熟悉此词汇可以加以注释，以利于文化间的传播和交流。

（四）文外作注。即文内直译，有关文化缺省的说明则放在注释之中①。当源语文本具有鲜明的民族性、文化性时，可以采用文外作注的翻译策略。例如贾尔斯、袁士槟、林戊荪和罗志野译本对“五行”的翻译。文外作注包括文内注、脚注、附录、插图等形式。总体而言，格里菲斯倾向于用翻译各位注家的注解及加脚注的方法解释原文，如格里菲斯在脚注中给出了地理文化词汇“江”、“河”对应的汉字和汉语拼音；在翻译六种地形时增加了对曹操和梅尧臣注解的翻译，详细解释了每种地形的特点；在翻译中国器物文化词汇“辎重”时增加了对杜牧注解的翻译；在注解中详细解释了使用“形名”的原因及具体的使用方法；在曹操注释的翻译中，解释了中国古代职务称谓“大吏”的含义；在翻译比喻修

① 王东风：《文化缺省与翻译中的连贯重构》，《外国语》1997年第4期。

辞手法“蚁附”时增加了对杜牧注解的翻译，详述了其背后的历史故事；在翻译比喻修辞手法“以碫投卵”时增加了对曹操注释的翻译。格里菲斯在脚注中介绍了地理文化词汇“常山”、器物文化词汇“符”、计量单位“金”、历史文化词汇“黄帝”、“四帝”、政治文化词汇“庙算”、中国古代的税赋制度“丘役”、孙武所引用兵书《军政》等。很多情况下，格里菲斯是两种方法并用的，比如他以翻译注解和增加脚注的方式非常详细地介绍了“分数”这一中国古代军队编制，在翻译比喻修辞手法“秋毫”时，格里菲斯翻译了张预的注解，并在脚注中解释了此修辞的内涵意义，在翻译夸张修辞手法“九地”、“九天”时用了脚注这种文外作注的方法，并增加了对曹操注解的翻译。贾尔斯倾向于翻译注家的注解，表达自己的不同见解以及叙述战争实例等来解释原文。例如，在翻译《势篇》中的“鸷鸟之疾，至于毁折者，节也”时附上了杜牧对“节”的注解，以及他自己的解读，还提供了相关战争实例供译文读者参考；在翻译《行军》篇中的“粟马肉食，军无悬缻，不返其舍者，穷寇也”时，贾尔斯则引用了《后汉书》中的战争实例；在翻译《谋攻篇》中“将不胜其忿，而蚁附之，杀士三分之一，而城不拔者，此攻之灾也”时，贾尔斯也在注释中详细解释了“蚁附”这一修辞的含义，并增添相关战争实例使译文读者更容易理解孙武的战术思想。袁士槟和林戊荪倾向于用文内注的方法介绍中国文化，如袁士槟对中国古代军事编制“军”、“旅”、“卒”、“伍”、中国古代历史文化词汇“黄帝”、“四帝”、“诸”、“刿”、夸张修辞手法“九地”、“九天”的翻译，都是以文内注的方法进行解释说明，林戊荪对六类地形“通”、“挂”、“支”、“隘”、“险”、“远”、九类兵要地理“散地”、“轻地”、“争地”、“衢地”、“重地”、“圮地”、“围地”、“死地”的翻译都加上了汉字和斜体的汉语拼音的注释，对物质文化词汇“胶漆”、中国古代计量单位“钟”、“石”、政治文化词汇“庙算”、比喻“秋毫”的翻译则加上了自己的解释。而罗志野倾向于用脚注的方法对中国文化专有项进行进一步的解释，如对中国古代星象文化词汇“箕”、“壁”、“翼”、“轸”、地理文化词汇“常山”、物质文化词汇“符”、中国古代计量单位“镒”、“铢”、“钟”、“石”、中国古代历史文化词汇“黄帝”、“四帝”、“吴”、“越”、“诸”、“刿”、“夏”、“殷”、“周”、“伊挚”、“吕牙”、中国古代政治文化词汇

“庙算”的翻译均采用了脚注这种翻译策略。文外作注的缺点是要读者中断阅读，但优点在于保留原文特点，能详细介绍中国传统文化，是最常见、最有效的方法①。

（五）文内明示。即文内意译，或直译与意译相结合②。如格里菲斯对动物文化词汇“率然”、植物文化词汇“葭苇”的翻译，林戊荪对中国物质文化词汇“形名”、中国古代历史人物“诸”、“刿”、中国古代军队编制“伍”、“分数”的翻译，贾尔斯、袁士槟对植物文化词汇“葭苇”、中国古代称谓语“诸侯”的翻译，袁士槟对动物文化词汇“率然”的翻译，罗志野对中国古代军队编制“伍”、中国古代宗教文化词汇“度”的翻译，五个译本对修辞手法“蚁附”的翻译等，都采用了文内明示的方法。与文外作注相比，文内明示的优点是不影响阅读；而缺点是因为受文章篇幅限制，介绍源语文化的空间有限③。

（六）删除。即删除那些不被译语文化所接受，或不影响读者理解，或意义过于费解难以解释的文化专有项④。如袁士槟对“庙算”的翻译，把“庙”略去了，格里菲斯、林戊荪在“千仞之山”的翻译中省略了对“仞”的翻译，格里菲斯、贾尔斯、袁士槟译本对排比结构的省略，五个译本对对偶、顶真修辞手法的省略等。删除最大的弊端是阻隔文化交流，但使译文较连贯，因此具有一定的欺骗性⑤。在文化间的交流中，出于尊重、保护和传播源语文化的目的，尽量不要采用删除这种翻译策略。只有保留文化的异质性和多样性才能保证中西文化交流逐步达到平衡。

随着经济全球化的不断深入发展和我国文化“走出去”战略的进一步实施，中国文化的国际影响力和我国的文化软实力都得到了进一步提升，国际社会越

---

① 王东风：《文化缺省与翻译中的连贯重构》，《外国语》1997 年第 4 期。
② 王东风：《文化缺省与翻译中的连贯重构》，《外国语》1997 年第 4 期。
③ 王东风：《文化缺省与翻译中的连贯重构》，《外国语》1997 年第 4 期。
④ 王东风：《文化缺省与翻译中的连贯重构》，《外国语》1997 年第 4 期。
⑤ J. F. Aixelá, “Culture-specific Items in Translation”, in *Translation, Power, Subversion*, R. Avarez, M. C. Carmen-Africa Vidal (eds.), Beijing: Foreign Language Teaching and Research Press, 1996, pp: 52 – 78.

来越渴望了解中国和中国文化。如何在全球化时代的今天,向世界介绍中国文化,使中西文化交流达到平衡,让中国文化"走出去"之路走得更稳更好,具有深远的历史意义和重要的现实意义。《孙子兵法》不仅体现了古代军事思想的精华,也蕴含着博大精深的中国文化。我们在英译时,应尽量地保存其文化特色,灵活采取异化、归化、音译、文外作注、文内明示等策略,传达中国文化信息。在文化全球化多元化并存的趋势下,在中国国家实力不断增强的背景中,只有立足于传统,中华民族文化才能彰显其独特魅力,才更具有生命力,才能被世界认同。文化可以全球化,不同文化可以水乳交融,但不同的特色一定要保存,失去了特色,就意味着失去了"文化身份"。因此,无论多艰难,翻译工作者也应该意识到自己的责任:坚守文化的多样性和差异性,还原给世界一个真实的中国①。译者要有保护和传播中国文化的意识,从而让更多的人了解中国文化,喜爱中国文化,真正做到讲好中国故事,传播中国好声音。

---

① 汪世蓉:《〈三国演义〉传统文化事象的多视角英译研究》,中国社会科学出版社 2015 年版,第 147 - 148 页。

第五章 《孙子兵法》在英语世界的传播

随着我国"走出去"战略力度进一步的加大,我国的翻译市场已经从侧重对内译介转为侧重对外译介。中国文化典籍的版权输出比重不断提高。"中学西传"的数量达到了"走出去"的要求,但离"走进去"这一目标还有很长的距离。"中学西传"是增强我国文化自信,促进中国文化"走出去"的重要途径。而翻译是"中学西传"面临的重要问题之一。译者的创造性工作使中国文学作品走出国门,走向世界,为全世界所熟知和承认。作为中国文化重要组成部分的《孙子兵法》已成为"中学西传"的优秀代表。《孙子兵法》是一部全面、系统的军事著作,是中国优秀传统文化的重要组成部分。它不仅体现了古代军事思想的精华,也蕴含着博大精深的中国文化。《孙子兵法》的对外传播已有一千多年的历史,被翻译成四十余种语言,英译有逾百年历史,国内外已出版英译专著二百余种(部),其影响所及遍布世界。国外对《孙子兵法》给予了很高的评价。孙武被称为"兵圣"、"东方兵学的鼻祖,武经的冠冕"、"兵家之神"。现代西方杰出的军事思想家利德尔·哈特认为《孙子兵法》"内容之博大,论述之精深,后世无出其右者。"《孙子兵法》在英语世界的成功传播对于"中学西传"具有极强的借鉴意义。《孙子兵法》在英语世界的译介可以为"中学西传"在译介主体、译介内容、译介途径、译介受众、译介效果五个方面提供借鉴,有助于我们向世界介绍中国文化,传播中国好声音,让中国文化"走出去"之路走得更稳更好。

5.1 《孙子兵法》英译史

《孙子兵法》最早传入朝鲜半岛,研究成果以日本为最多,军事应用以美国为最突出。《孙子兵法》传入西方的时间很晚,直到 1772 年(乾隆三十七年)才由法国传教士阿米奥译成法文,并在巴黎出版①。此译本开创了《孙子兵法》西译的先河。

20 世纪初,《孙子兵法》英译本的相继问世,对其在西方世界的传播与研究起了重大的作用。1905 年日本东京出版了英国皇家野战炮兵上尉卡尔斯罗普(E. F. Calthrop)由日文版转译的《孙子兵法》,这是世界上第一个英译本。

1910 年,莱昂内尔·贾尔斯(Lionel Giles,也称翟林奈)翻译的《孙子兵法》英译本由伦敦卢扎克(Luzac)公司出版,该译本"第一次比较完整准确地用英文表达了孙子的兵学思想,而且为其他西方文字翻译《孙子兵法》奠定了基础"②。

20 世纪下半叶,美国出版了多种不同的《孙子兵法》英译本,掀起了西方研究《孙子兵法》的热潮③。其中塞缪尔·格里菲思(Samuel Griffith)的英译本影响最大。1963 年该译本出版后就被联合国教科文组织列入《中国代表作丛书》,并多次出版发行。

1981 年,霍德默比乌斯出版社出版了美籍英国著名作家克拉维尔(James Clavell)编辑和作序的贾尔斯《孙子兵法》新译本。从 1981 年至 1988 年,这个英译本已印刷发行了 10 次之多。克拉维尔新译本后被译成德文、西班牙文普及本,自 1981 年出版以来已有多种版本在世界各国发行,促进了《孙子兵法》在西方的传播,其影响仅次于美国准将格里菲思的英译本。

1988 年,托马斯·克利里(Thomas Cleary)翻译出版了新的《孙子兵法》英

---

① 于汝波:《孙子兵法研究史》,军事科学出版社 2001 年版,第 214 页。
② 于汝波:《孙子兵法研究史》,军事科学出版社 2001 年版,第 234 页。
③ 于汝波:《孙子兵法研究史》,军事科学出版社 2001 年版,第 231 页。

译本。克利里的译本被列入美国“桑巴拉龙版”丛书的道家著作类。此译本在西方也有一定的影响力。

1993 年,拉尔夫·索耶(Ralph D. Sawyer)所译的《武经七书》由美国西视出版公司出版,其中包含了《孙子兵法》的英译文。此译本是第一次全面完整地将《武经七书》译介给西方的读者,标志着“兵学西渐”进入了新的历史阶段①。同年,美国夏威夷大学的哲学教授、汉学家罗杰·埃姆斯(Roger Ames,也称安乐哲)也出版了新译本。此译本是基于新发现的银雀山汉墓竹简翻译的,对于张扬中国文学做出了极大的贡献。

2002 年,企鹅出版社出版了英国汉学家闵福德(John Minford)的译本,此译本出版后也十分畅销。

此外,不少华人译者也为《孙子兵法》在西方世界的普及做出了积极的贡献。陶汉章将军著、袁士槟译《孙子兵法概论》由美国纽约斯特林出版社于 1987 年出版,是罕见的中国军内人士的著作译本在国外出版。1994 年,人民中国出版社出版了中国翻译家林戊荪的译本,1999 年外文出版社将其收录进《大中华文库》中。1996 年,罗志野翻译的《孙子兵法一百则:汉英对照》作为“英汉汉英对照一百丛书”之一,由中国对外翻译出版公司出版。2007 年,此译本被中国对外翻译出版公司收录进“中华传统文化精粹”丛书再版。此外,台湾学者罗顺德(1991)、新加坡学者黄昭虎(2003)等也都为西方读者提供了各具特色的英译本。

5.2 《孙子兵法》在英语世界的接受现状

据统计,全球有 30 多个国家、上百种语言文字、数千种关于《孙子兵法》的刊印本,曾雄踞亚马逊排行榜第一名。有读者在亚马逊网站上评论:“如果人的

① 于汝波:《孙子兵法研究史》,军事科学出版社 2001 年版,第 249 页。

一生只能读一本书的话,那就应该是《孙子兵法》。"《孙子兵法》英译史超百年,在英语世界的传播较为成功,不仅被广泛应用于军事、政治、经济领域,更被视为指导人们日常生活的"人生之书"。图书馆的藏书量是考察译本接受情况的指标之一。笔者利用 Worldcat 数据库检索英国、美国和中国图书馆几个主要译本的馆藏情况,并按照译本出版的顺序进行排列。Worldcat 涵盖全球一万多个成员馆的数据,可以搜索世界范围图书馆的资料,收录虽不全面,尤其是中国图书馆的数据涵盖不全,但仍能在很大程度上反映出各译本在英语世界的接受现状。

表 5-1 《孙子兵法》英译本图书馆馆藏情况

译者	出版地	出版社	出版时间	收藏译本的图书馆数量			
				美国	英国	中国大陆	总数
贾尔斯	伦敦	Luzac	1910	1	1	0	2
	华盛顿	Army War College	1929	6	0	0	6
	东京,北克拉伦登(美国)	Tuttle Publishing	2016	4656	178	5	4839
	拉古纳岗(美国)	Race Point Publishing	2017	4657	178	5	4840
格里菲斯	牛津	Clarendon Press	1963	0	1	0	1
	伦敦	Oxford University Press	1971	4679	179	5	4863
克拉维尔	纽约	Delacorte Press	1983	2	0	0	2
	纽约	Delta	1983/2014	4649/4649	178/178	5/5	4832/4832
克利里	波士顿	Shambhala	1998/2004/2009	0/85/2	1/4/0	0/1/0	1/90/2
袁士槟	北京	外语教学与研究出版社	2009	221	8	8	237

续表

译者	出版地	出版社	出版时间	收藏译本的图书馆数量			
				美国	英国	中国大陆	总数
索耶	纽约	Barnes & Noble Books	1994	2	0	0	2
	纽约	Basic Books	2005/2007/2008	2359/584/686	50/32/15	7/2/1	2416/618/702
安乐哲	波士顿	Motorbook Intl	2015	4649	178	5	4832
	伦敦	Frances Lincoln Ltd.	2015	2	0	0	2
林戊荪	北京,长沙	外文出版社 & 湖南人民出版社	1999/2005	36/16	3/1	6/2	45/19
	北京	外文出版社	2001/2007/2016	0/36/221	0/1/8	1/5/8	1/42/237
	旧金山	Long River Press	2013	4656	178	5	4839
闵福德	纽约	Viking	2002	262	0	2	264
	纽约	Penguin Books	2003	4649	178	5	4832

* 检索仅限有馆藏的版本,检索为 0 的版本未列出。

通过对比发现,英国和美国收藏英美译者译本的数量总体上高于中国译者译本的数量。在译介主体方面,图书馆藏书更倾向于选择本国译者。表 5 – 1 中有一个例外情况是,收藏 Long River Press 出版的林戊荪译本的图书馆数量众多,可以与其他译本媲美。而外文出版社,虽然在中国也属知名出版社,但馆藏数量最多的 2016 版也只有 Long River Press 版本馆藏数量的 4.9%。这充分说明在译介途径方面,图书馆藏书更倾向于选择本国出版的译本,对外国出版的译本认可度不高。外文出版社和湖南人民出版社联合出版的《大中华文库》中收录的林戊荪《孙子兵法》译本(1999 年和 2005 年版),美、英、中三个国家的图书馆加起来共 64 个,馆藏量只有 Long River Press 版本的 1.3%。《大中华文库》是由新闻出版总署立项支持，中国出版集团公司组织出版的国家重大出版工程，是我国第一次系统地全面地向世界推出外文版中国文化典籍。《大中华文库》的初衷是源于外国译者对中国文化典籍有诸多误译和曲解，中国试图通过《大中华文库》向全世界展示真实而全面的中国传统文化。林戊荪译本忠实地反映了中国文化，在国内受到一致好评，他本人也获得“翻译文化终身成就奖”。然而，就是一个如此优秀的译本，在国外却难以得到认可。不管是《大中华文库》，还是《熊猫丛书》，这种以政府为主导推出的中国文学和文化英译本效果都不尽如人意，没有达到预期的对外传播效果。

译本的接受情况一方面可以从图书馆的馆藏情况窥见一二，另一方面，还可以从读者的购买行为考察其市场接受程度，即读者是否愿意购买译本，中国文化典籍是否真正地实现了“走进去”的目标。作为全球最大的图书销售平台，亚马逊网站可以提供的图书目录比全球任何一家书店的存书要多 15 倍以上，亚马逊书店的人均销售额比全球最大的 Barnes & Noble 图书公司高 3 倍以上。亚马逊图书销售情况可以充分反映图书的市场接受程度。因此，笔者选择亚马逊网站就其销售的几个英译本的价格和排行榜位次做了如下统计：

表 5－2 亚马逊网站《孙子兵法》英译本销售情况

译者	出版社	出版时间	价格	亚马逊网站畅销书排行榜位次
贾尔斯	Greyhound Press	2017	$2.99	5,302
	CreateSpace Independent Publishing Platform	2017	$6.99	61,627
闵福德	Penguin	2009	$12.18	57,540
克利里	Shambhala	1991	$7.70	116,323
格里菲斯	Oxford University Press	1971	$7.02	285,372
索耶	Westview Press	1994	$7.58	310,278
袁士槟	Sterling Innovation	2007	$9.95	717,261
安乐哲	Frances Lincoln	2015	$15.65	1,325,021

续表

译者	出版社	出版时间	价格	亚马逊网站畅销书排行榜位次
林戊荪	外文出版社	2001	$12.95	2,526,225
	外文出版社,湖南人民出版社	2001	$10	2,598,552
	Long River Press	2012	$2.96	9,392,187

*检索数据为亚马逊网站2017年12月16日数据。价格为简装本图书价格。

表5-2是按照译本在亚马逊网站排行榜的位次排序的。尽管笔者统计的图书价格和排名是实时变化的,但其畅销书的排名仍然可以在很大程度上说明图书的受欢迎程度。可以看出,在译介主体方面,西方读者更倾向于选择英美译者。中国历史类图书排行榜前十名中有四本是《孙子兵法》,但无一是中国译者的译本。《孙子兵法》几个英译本中排名最靠前的是2017年由Greyhound Press出版的贾尔斯译本,此书是政治参考类的畅销书之一,中国历史类图书排名第二,国际政治类(亚洲)图书排名第四。价格方面,此版本跟同年CreateSpace Independent Publishing Platform出版的译本相比,具有明显的价格优势,价格还不到后者的二分之一。闵福德版本虽然价格不低,但鉴于企鹅出版社的优良信誉也有较好的排名,几个译本中排名第二。格里菲斯的译本虽然已出版四十余年,但因其经典地位,仍有很多读者认可,并没有因版本老旧影响其对读者的吸引力。相较之下,中国译者的译本排名靠后,而且价格普遍偏高,比国内的定价要高不少,像《大中华文库》收录的《孙子兵法》译本国内的定价是¥50,而且通常都会有打折。在亚马逊网站上则要$10(约合¥66),这样的价格对读者当然没有吸引力。传播是双向的,我们必须关注译介受众的反应,只有这样才能有良好的传播效果。网站上的读者书评反映了读者的态度,读者的反馈正是译介效果的验证。国内出版社出版的译本多为英汉双语版本,因此,亚马逊网站上有读者抱怨说:“有大量的汉语,而且同样的价格在美国可以买到质量更好的书。”可见,译介途径方面,译本的价格、质量和销售途径等都是成功译介的

重要因素。此外,译介受众方面,对外传播的目标受众是英语读者,而非汉语读者。对英语读者来说,汉语确实是不必要的,徒增阅读障碍。

5.3 "中学西传"译介模式

拉斯韦尔提出了著名的传播学"5W"模式,即谁,说什么,通过什么渠道,对谁,取得什么效果。"5W"模式应用到文学作品译介上,即为译介主体、译介内容、译介途径、译介受众、译介效果五个要素。下面,笔者将从这五个要素总结《孙子兵法》译介的经验和教训,探讨"中学西传"的译介模式。

首先,译介主体方面,译者要选择熟悉源语文化的目标语译者,因为较之源语译者,他们对目标语的弱文化和宗教符号更熟悉,可以使译文更符合目标语读者的习惯和要求。

《孙子兵法》在英语世界接受情况较好的都是英语译者。这几位英语译者几乎都是汉学家,熟悉中西方文化。贾尔斯出生于中国,一直潜心研究汉学,对《孙子兵法》有着深刻的理解。格里菲斯作为美国准将,多次来中国学习汉语和中国军事,并且凭借对《孙子兵法》的研究获得了博士学位。克利里是美国东亚语言和文明的博士,十几岁时就开始研究佛教。正是因为对之前译本中忽视或弱化道家思想的情况不满意,他决定重译该书。索耶对《孙子兵法》的翻译也是基于自己对中国文化的了解。他在哈佛大学学习历史和汉语,后又在台北斯坦福中心学习汉语,还跟知名教授学习古汉语。索耶在研究《孙子兵法》20 年后决定将其展示给更多的读者。闵福德也与中国有很深的渊源。他 20 世纪 80 年代大部分时间在中国,并在牛津大学学习汉语,是岭南大学的荣誉研究员、香港理工大学的客座教授、香港翻译协会的荣誉会员,翻译了包括《红楼梦》在内的很多中国经典文献。正是由于对汉语和中国文化的了解,闵福德认为《孙子兵法》是一部"人生之书",值得人们阅读。第一个英译本,卡尔斯罗普译本由于是由日文转译而来,译文中充斥着日本味道,就连书名都是根据日文发音翻译而来的 Sonshi(“孙子”)。卡尔斯罗普不是汉学家,语言功底不如贾尔斯、闵福德等人深厚,传播效果自然也不理想。因此,最理想的译介主体应为目标语译者,既要熟悉英语文化,同时又因自身对中国文化和汉语的了解,愿意将中国文化精华译介到英语世界。

第二,译介内容方面,需要考虑读者的实际需求,针对市场和读者做出适应性调整。

《孙子兵法》的几位英语译者都考虑了读者的兴趣和实际需求。贾尔斯的目标读者是包括自己弟弟在内的军人。他在扉页上明确指出:“谨以此书献给我的弟弟瓦伦丁上尉,希望两千四百多年前的这本古书能为今天的军人提供有价值的参考。”格里菲斯重译《孙子兵法》是因为当时第二次世界大战后形势急剧变化,他为了寻求“正确作战方针”,也因不满意贾尔斯译本,决意翻译《孙子兵法》。在这样的历史背景下,该译本的出现迎合了读者的需求,无怪乎被奉为经典译本之一。索耶是在越南战争时,发现中国的军事书竟然没有人研究,因此决定翻译《孙子兵法》,也迎合了当时读者的需求。这几个英译本虽然都有不同程度的错译和漏译,甚至对原文有扭曲,却丝毫没有因此影响读者对其的热爱和追捧。相反,林戊荪译本可以说是忠实于原著的,无论是内容还是风格都对中国文化有较好的阐释,更加贴近原文,但这却并不是译本能否成功的决定性因素。实际上,过于忠实的译文可能会有相反的效果。亚马逊网站的书评中有读者评论说:“这本书非常难懂,语言很直接,多数地方需要阐释,需要不少功夫才能读懂。”因此,过于异化的翻译策略可能会使读者望而却步。需要明白的一点是,读者购买《孙子兵法》普遍以实用为主。有读者评论说:“不管是战场内还是战场外,《孙子兵法》都可以帮助人理性地理解问题,解决问题。不管是否要上战场,人人都应该读《孙子兵法》,它可以应用到生活的方方面面。”因此,译介内容方面,译者需要发挥主观能动性,考虑到读者的实际需求,针对市场和读者做出适应性调整。

第三,译介途径方面,寻求目标语国家知名度和信誉度高的出版社出版译本。

目标语读者仍然倾向于认同本国出版社,对外国出版社有一定的距离感。另外,目标语出版社在书籍的价格和销售方面对于开拓本国市场有着天然的优势。《孙子兵法》比较受欢迎的译本都是企鹅或牛津大学出版社这样的知名出版社。出版林戊荪译本的外文出版社虽然在中国有很大的权威和影响力,但较之英语世界的本地出版社仍是鞭长莫及。另外,意识形态的差异导致外国受众对中国文化有一种天然的抵制,如果是中国政府主导,或是中国出版社出版,有时会起相反的作用。因此,要有效利用目标语资源,寻求目标语国家知名度和信誉度高的出版社出版译作,增加读者对译作的认同度。

第四,译介受众方面,要注重读者反应,组织有效书评资源。

在考虑读者需求的同时,也要组织书评,引导舆论,加深读者的印象,为译作添彩。格里菲斯的译本之所以大受欢迎,与迎合读者需求和有效的书评是分不开的。英国战略学家利德尔·哈特为格里菲斯译本作了精彩的序言,加深了读者对这一新的英译本的印象,而且有力地促进了西方人士尤其是美国军界人士对《孙子兵法》学习与研究的重视。美国著名专栏作家J·艾尔索普(Joseph Alsop)曾在全国性的报纸专栏文章中多次称赞该书。《费城询问报》、《时代周刊》、《洛杉矶先驱考察家报》等媒体都给予很高的评价。有效的书评使其出版后立即被联合国教科文组织列入《中国代表作丛书》。索耶译本出版时也受到一众名人的盛赞。名人和名媒体的书评自带"名人效应",可以使译作更易被读者接受。

第五,译介效果方面,采取几步走策略,循序渐进。

据统计,2009—2013年间,进入国际传播领域的中国图书总量为8752种,涵盖11个学科门类,52个语种。国家有一系列的项目鼓励中国文化走出去:国家社会科学基金中华学术外译项目、中国图书对外推广计划、经典中国国际出版工程等项目,但收效甚微,如中华学术外译项目结项率仅为10%。译介数量已达到"走出去"的要求,但"走进去"的效果却并不好。中国文化典籍应该从"积极走出去"转变为"有效走进去",即译文具有可读性,用户购买书籍而不是无偿赠送,真正实现书籍的效用。这一点我们可以向美国学习,美国用十几年的时间把美式科幻小说打入法国，在法国人接受了美式科幻小说后又成功将美国影视打入法国。美国正是采取了循序渐进的策略，先翻译一小部分，采用小幅递进式，最终实现了“走进去”的目标。有效“走进去”是漫长的过程，切记不要盲目冒进，否则适得其反。

参考文献

《费尔巴哈哲学著作选集:下卷》,荣震华、王太庆、刘磊译,商务印书馆1984 年版。

《朗文当代高级英语词典(英英·英汉双解)》,外语教学与研究出版社2004 年版。

《现代汉语词典》,商务印书馆2002 年版。

班固:《汉书》,中华书局1964 年版。

鲍世修:《形神兼备,功力不凡——读林戊荪译〈孙子兵法〉》,《中国翻译》1996 年第3 期。

曹雪芹、高鹗:《红楼梦》,人民文学出版社2005 年版。

曹雪芹、高鹗:《红楼梦》,杨宪益、戴乃迭译,外文出版社1978 年版。

曾四凯:《论〈孙子兵法〉之最佳英译本:用关联理论视角进行文化和语言比较研究》,浙江大学2006 年硕士学位论文。

陈红、李加军:《古籍英译译者选词差异实证研究——以〈孙子兵法〉英译独特用词为例》,《中国翻译》2009 年第6 期。

陈梅、文军:《中国典籍英译国外阅读市场研究及启示——亚马逊(Amazon)图书网上中国典籍英译本的调查》,《外语教学》2011 年第4 期。

陈梅、文军:《〈中庸〉英译研究在中国》,《上海翻译》2013 年第1 期。

陈学凯、曹秀君:《孙武》,新蕾出版社1993 年版。

程俊英:《诗经译注》,上海古籍出版社2004年版。

程玮:《略论茶典籍的对外译介与文化传播研究》,《福建茶叶》2016年第9期。

戴德、戴圣:《礼记》,江西美术出版社2012年版。

方雪梅:*Dispelling in Lionel Giles' Translation of Sun Zi Bing Fa*,中南大学2011年硕士学位论文。

范晔:《后汉书》,中华书局2012年版。

谷兴荣、王星明:《孙子探源:孙子其人及其孙子兵法》,海南出版社1992年版。

[美]哈罗德·拉斯韦尔:《社会传播的结构与功能》,何道宽译,中国传媒大学出版社2013年版。

何香平:《从译者主体性看〈孙子兵法〉三个英译本》,湖南师范大学2010年硕士学位论文。

贺凯达:《论〈孙子兵法〉模糊数字的英译》,北京外国语大学2014年硕士学位论文。

黄海翔:《以"目的论"为基础对〈孙子兵法·计篇〉四个英译本的比较研究》,广东外语外贸大学2005年硕士学位论文。

黄海翔:《论文化翻译视角下典籍英译的人本主义价值观——以〈孙子兵法〉Minford译本中"诡道"的文化误读为例》,《外语教学理论与实践》2009年第1期。

黄丽云:《传输中的文化:〈孙子兵法〉文化负载词英译研究》,福建师范大学2008年硕士学位论文。

黄姗:《从伽达默尔阐释学角度比较〈孙子兵法〉两个英译本》,西南石油大学2011年硕士学位论文。

黄钰雯:《从模因论看〈孙子兵法〉英译本的翻译策略和传播过程》,四川外国语大学2017年硕士学位论文。

黄中习:《文化典籍英译与苏州大学翻译方向研究生教学》,《上海翻译》

2007 年第 1 期。

黄中习:《中国典籍英译事业:机遇与挑战》,《宁夏社会科学》2008 年第 6 期。

黄中习:《典籍英译标准的整体论研究——以〈庄子〉英译为例》,苏州大学 2009 年博士学位论文。

霍瑞花:《布迪厄社会学理论视角下的〈孙子兵法〉英译本对比研究》,北方工业大学 2017 年硕士学位论文。

霍跃红:《典籍英译:意义、主体和策略》,《外语与外语教学》2005 年第 9 期。

纪蓉琴:《元语篇的主体间性建构与典籍英译——以〈孙子兵法〉英译为例》,《上海翻译》2014 年第 2 期。

蒋骁华:《典籍英译中的"东方情调化翻译倾向"研究——以英美翻译家的汉籍英译为例》,《中国翻译》2010 年第 4 期。

金姗姗:《从描述性翻译研究视角比较〈孙子兵法〉的两个英译本》,华中师范大学 2013 年硕士学位论文。

郎力理:《从阐释学角度看〈孙子兵法〉英译的译者主体性》,西南大学 2011 年硕士学位论文。

雷丹:《托马斯·克利里〈孙子兵法〉英译本中的译者主体性研究》,西南交通大学 2015 年硕士学位论文。

李晶玉:《基于语料库的〈孙子兵法〉四个英译本翻译风格对比研究》,聊城大学 2015 年硕士学位论文。

李娟、陈伟:《少数民族典籍英译研究现状述评》,《安徽文学月刊》2017 年第 6 期。

李军:《对〈孙子兵法〉Lionel Giles 译本误读误译的案例研究》,苏州大学 2007 年硕士学位论文。

李宁、王宏印:《〈福乐智慧〉英译本特点评析》,《民族文学研究》2006 年第 2 期。

李宁:《〈大中华文库〉国人英译本海外接受状况调查——以〈孙子兵法〉为例》,《上海翻译》2015 年第 2 期。

李文革:《中国文化典籍中的文化意蕴及其翻译问题》,《外语研究》2000 年第 1 期。

李肖芳:《接受理论视角下〈孙子兵法〉三个英译本对比研究》,延安大学 2013 年硕士学位论文。

李小丽:《〈孙子兵法〉四个英译本的语篇分析比较》,苏州大学 2011 年硕士学位论文。

李艺、谢柯:《布迪厄社会学视野下的〈孙子兵法〉英译》,《外国语文》2014 年第 4 期。

李玉良、王宏印:《〈诗经〉英译研究的历史、现状与反思》,《西安外国语大学学报》2006 年第 4 期。

李征:《伦理学观照下的翻译伦理研究——以中国典籍英译为例》,华东师范大学 2016 年硕士学位论文。

李正栓:《典籍英译与民族典籍英译研究新成就》,《外语与翻译》2017 年第 3 期。

廖丽:《从文化角度对〈孙子兵法〉两个英译本的对比分析》,上海交通大学 2010 年硕士学位论文。

刘芳:《接受理论观照下〈孙子兵法〉重译现象之实证研究》,国防科学技术大学 2009 年硕士学位论文。

刘晓晶:《生态翻译学视角下的林戊荪〈孙子兵法〉英译研究》,苏州大学 2013 年硕士学位论文。

龙绍赟、苏帆:《中国文化典籍在美国的翻译与传播——以〈孙子兵法〉为例》,《江西社会科学》2015 年 12 期。

陆晔:《〈孙子兵法〉两英译本中文化负载词的翻译对比研究——以关联理论与文化图示理论为视角》,贵州师范大学 2016 年硕士学位论文。

罗贯中:《三国演义》,北京大学出版社 2011 年版。

罗天:《翟林奈译〈孙子兵法〉与军事典籍翻译中的文化聚合》,《外国语文》2015 年第 4 期。

罗选民、杨文地:《文化自觉与典籍英译》,《外语与外语教学》2012 年第 5 期。

罗志野:《孙子兵法:英汉对照》,中国对外翻译出版公司 2007 年版。

马大友:《交际与语义翻译理论视角下的贾尔斯的〈孙子兵法〉英译本研究》,中南大学 2012 年硕士学位论文。

毛晓迎:《从模因论视角看〈孙子兵法〉在西方世界的翻译与传播》,武汉科技大学 2013 年硕士学位论文。

孟祥德:《〈孙子兵法〉中"势"的语篇意义及英译》,苏州大学 2007 年硕士学位论文。

聂思思:《目的论视角下〈孙子兵法〉两英译本的质量评估》,新疆大学 2012 年硕士学位论文。

潘嘉玢、刘瑞祥:《评格里菲思的〈孙子兵法〉英译本》,《中国翻译》1991 年第 2 期。

彭朝忠:《〈孙子兵法〉误译的认知解读》,苏州大学 2008 年硕士学位论文。

彭明强:*Cohesion and Coherence Focused Studies on the Three English Versions of The Art of War*,电子科技大学 2008 年硕士学位论文。

裘禾敏:《〈孙子兵法〉英译研究》,浙江大学 2011 年博士学位论文。

裘禾敏:《〈孙子兵法〉在英语世界的传播》,《浙江社会科学》2012 年第 6 期。

司马迁:《史记》,中华书局 1972 年版。

孙大雨:《英诗选译集》,上海外语教育出版社 1999 年版。

孙乃荣:《国内典籍英译研究综述(2012－2016)》,《浙江外国语学院学报》2017 年第 4 期。

孙维波:《论〈孙子兵法〉译本的语篇关联性》,中国人民大学 2011 年硕士学位论文。

孙武、孙膑:《孙子兵法·孙膑兵法》,林戊荪译,外文出版社 1999 年版。

孙武:《孙子兵法:汉英对照》,袁士槟译,外语教学与研究出版社 1997 年版。

陶汉章:《孙子兵法概论》,解放军出版社 1989 年版。

田芳宁:《基于 Wmatrix 的〈孙子兵法〉英译本分析》,对外经济贸易大学 2016 年硕士学位论文。

汪榕培、黄中习:《加强民族典籍的英译,弘扬民族优秀文化》,《广西民族研究》2008 年第 4 期。

汪榕培、王宏:《中国典籍英译》,上海外语教育出版社 2009 年版。

汪榕培:《译可译,非常译——英译〈老子〉纵横谈》,《外语与外语教学》1992 年第 1 期。

汪榕培:《古典名著汉译外是我国文学翻译领域的短线》,《外语与外语教学》1995 年第 1 期。

汪榕培:《漫谈〈诗经〉的英译本》,《外语与外语教学》1995 年第 3 期。

汪榕培:《〈庄子〉十译本选评》,《外语教学与研究》1995 年第 4 期。

汪榕培:《〈牡丹亭〉的英译及传播》,《外国语(上海外国语大学学报)》1999 年第 6 期。

汪榕培:《中国典籍英译的几点认识》,《燕山大学学报(哲学社会科学版)》2013 年第 3 期。

汪世蓉:《〈三国演义〉传统文化事象的多视角英译研究》,中国社会科学出版社 2015 年版。

王东风:《文化缺省与翻译中的连贯重构》,《外国语》1997 年第 4 期。

王斐:《山海经译注》,上海三联书店 2014 年版。

王宏:《中国典籍英译:成绩、问题与对策》,《外语教学理论与实践》2012 年第 3 期。

王宏印、李宁:《民族典籍翻译的文化人类学解读——〈福乐智慧〉中的民俗文化意蕴及翻译策略研究》,《民族文学研究》2007 年第 2 期。

王宏印:《探索典籍翻译及其翻译理论的教学与研究规律》,《中国翻译》2003 年第 3 期。

王宏印:《中国文化典籍英译》,外语教学与研究出版社 2009 年版。

王宏印:《中国文化典籍翻译——概念、理论与技巧》,《大连大学学报》2010 年第 1 期。

王宏印:《译品双璧, 译事典范——林戊荪先生典籍英译探究侧记》,《中国翻译》2011 年第 6 期。

王宏印:《民族典籍翻译研究的学科基础与发展目标》,《广西民族大学学报(哲学社会科学版)》2014 年第 4 期。

王宏印:《关于中国文化典籍翻译的若干问题与思考》,《中国文化研究》2015 年第 2 期。

王宏印:《中华民族文化典籍与翻译研究——“四大落差”及思考基点(上)》,《民族翻译》2016 年第 4 期。

王宏印:《中华民族文化典籍与翻译研究——“四大落差”及思考基点(中)》,《民族翻译》2017 年第 1 期。

王宏印:《中华民族文化典籍与翻译研究——“四大落差”及思考基点(下)》,《民族翻译》2017 年第 2 期。

王宏印:《典籍翻译:三大阶段、三重境界——兼论汉语典籍、民族典籍与海外汉学的总体关系》,《中国翻译》2017 年第 5 期。

王君:《接受美学视角下的中国文化典籍英译对外传播研究》,《辽宁工业大学学报(社会科学版)》2015 年第 3 期。

王靓:《〈孙子兵法〉英译研究:目的论的视角》,中国人民解放军信息工程大学 2014 年硕士学位论文。

王铭:《20 世纪〈孙子兵法〉英译本研究》,清华大学 2005 年硕士学位论文。

王珊珊:《生态翻译视角下的〈孙子兵法〉英译研究——以闵福德和林戊荪译本为例》,河南大学 2011 年硕士学位论文。

王帅:《功能目的论视角下〈孙子兵法〉英译本对比分析》,哈尔滨工业大学

2010 年硕士学位论文。

王晓琴:《从阐释学角度对〈孙子兵法〉两个英译本的文学误译研究》,太原理工大学 2012 年硕士学位论文。

王晓莹:《福柯权力话语理论下的〈孙子兵法〉三英译本研究》,广西民族大学 2011 年硕士学位论文。

魏倩倩:《中国文化英译研究——以〈孙子兵法〉英译为例》,光明日报出版社 2017 年版。

魏倩倩:《文化翻译视域下的中国典籍英译研究》,九州出版社 2018 年版。

文军、罗张:《国内〈水浒传〉英译研究三十年》,《民族翻译》2011 年第 1 期。

文军、罗张:《〈道德经〉英译研究在中国》,《上海翻译》2012 年第 1 期。

吴如嵩主编:《孙子兵法辞典》,白山出版社 1995 年版。

吴莎:《跨文化传播学视角下的〈孙子兵法〉英译研究》,中南大学 2012 年博士学位论文。

夏文洁:《典籍英译中文化负载词的翻译——以〈孙子兵法〉英译为例》,山东财经大学 2012 年硕士学位论文。

谢道挺:《功能主义视角下四部英文版〈孙子兵法〉译者主体性解析》,福建师范大学 2010 年硕士学位论文。

谢柯、李艺:《传播学视域下中国文化"走出去"之译介模式研究——以〈孙子兵法〉在英语世界的译介为例》,《外文研究》2015 年第 9 期。

谢文芳:《〈孙子兵法〉中文化负载词翻译对比研究》,广西师范大学 2012 年硕士学位论文。

徐娟:《论〈孙子兵法〉翻译中的"动态平衡"》,重庆大学 2007 年硕士学位论文。

徐珺、霍跃红:《典籍英译:文化翻译观下的异化策略与中国英语》,《外语与外语教学》2008 年第 7 期。

徐珺、田芳宁:《〈孙子兵法〉英译及其研究综述》,《商务外语研究》2016 年第 1 期。

许多、许钧:《中华文化典籍的对外译介与传播——关于〈大中华文库〉的评价与思考》,《外语教学理论与实践》2015年第3期。

许慎:《说文解字注》,上海古籍出版社1981年版。

许渊冲:《典籍英译,中国可算世界一流》,《中国外语》2006年第5期。

闫晓宁:《批判话语视角下的格里菲斯〈孙子兵法〉英译研究》,上海师范大学2012年硕士学位论文。

杨列军:《〈孙子兵法〉三英译本之比较研究》,北京语言大学2008年硕士学位论文。

杨敏:《从译者主体性角度看〈孙子兵法〉英译本的多样性》,华中师范大学2007年硕士学位论文。

杨硕:《接受美学视角下文化意象的传递——以〈孙子兵法〉两个英译本为例》,湖南师范大学2013年硕士学位论文。

杨莹:《语义—交际翻译视角下林戊荪和格里菲斯〈孙子兵法〉英译本的对比研究》,西南交通大学2016年硕士学位论文。

于汝波:《孙子兵法研究史》,军事科学出版社2001年版。

袁枚:《子不语》,上海古籍出版社2012年版。

张爱华:《从接受理论角度论重译现象》,对外经济贸易大学2003年硕士学位论文。

张婧、刘兵:《乔治·斯坦纳阐释翻译论视野下林戊荪译〈孙子兵法〉的译者主体性研究》,《语文建设》2013年第27期。

张婧:《乔治·斯坦纳阐释学观点下〈孙子兵法〉英译主体性的体现》,太原理工大学2013年硕士学位论文。

张琳琳:《词汇场与框架语义学视角下的〈孙子兵法〉英译研究》,辽宁师范大学2010年硕士学位论文。

张琳瑜:《多元系统理论视角与传统视角下〈孙子兵法〉英译对比研究》,江西师范大学2011年硕士学位论文。

张琦:《〈孙子兵法〉两个英译本中文化负载词翻译的比较研究》,山东师范大学2012年硕士学位论文。

张婉丽:《基于语料库的〈孙子兵法〉军事术语英译研究》,大连海事大学2013年硕士学位论文。

张晓君:《勒弗菲尔诗学理论关照下〈孙子兵法〉两译本对比研究》,西北师范大学2014年硕士学位论文。

章国军:《名著复译"误读进化论"——以〈孙子兵法〉复译为例》,《外语教学》2013年第3期。

章国军:《误读理论视角下的〈孙子兵法〉复译研究》,中南大学2013年博士学位论文。

周建川:《解读文化误译——阐释学视角观照下的〈孙子兵法〉英译本误译研究》,苏州大学2007年硕士学位论文。

周新凯、许钧:《中国文化价值观与中华文化典籍外译》,《外语与外语教学》2015年第5期。

周英:《"视域融合"概念观照下的译者主体性——敏福德译〈孙子兵法〉个案研究》,湖南大学2009年硕士学位论文。

Aixelá J. F., "Culture-specific Items in Translation", in *Translation, Power, Subversion*, Avarez R., Carmen-Africa Vidal M. C. (eds.), Beijing: Foreign Language Teaching and Research Press, 1996.

Ames R. T. & Rosemont H. Jr., *The Analects of Confucius: A Philosophical Translation*, New York: The Ballantine Publishing Group, 1998.

Griffith S., *Sun Tzu: The Art of War*, Oxford: Oxford University Press, 1971.

Hawkes D. & Minford J., *The Story of the Stone*, London: Penguin Books, 1973.

Minford J. (trans. & ed.), *Sun Tzu: The Art of War*, New York: Penguin Books, 2009.

Roger T. A. & Rosement H., *The Analects of Confucius: A Philosophical Translation*, New York: The Ballantine Publishing Group, 1998.

Sun T. , *Sun Tzu's the Art of War*, Giles L. , tr. New York: Barnes &Noble Classics, 2003.

Waley A. , *The Analects*, Beijing: Foreign Language Teaching and Research Press, 1998.

Wei Q. Q. , "Chinese Culture Teaching for English Majors – A Case Study of Sun Tzu Culture", *Theory and Practice in Language Studies*, Vol. 7, No. 3 (March 2017).

Wei Q. Q. , "Translation of Culture-specific Items in Hongloumeng from Functionalist Perspective", *Higher Education of Social Science*, Vol. 9, No. 5 (November 2015).

Wei Q. Q. , "Translation of Ren and Li in Lunyu", *International Journal of English Linguistics*, Vol. 6, No. 1 (February 2016).